KB045472

역사

생각이 크는 인문학_역사

지은이 최경석
그린이 이진아

1판 1쇄 발행 2014년 9월 3일
1판 10쇄 발행 2021년 2월 15일

펴낸이 김영곤
펴낸곳 ㈜북이십일 아울북
키즈융합부문 대표 이유남
키즈융합부문 이사 신정숙
키즈사업본부장 김수경
에듀2팀 이명선 이유리
마케팅본부장 변유경 **마케팅1팀** 김영남 문윤정 구세희 이규림
마케팅2팀 김세경 박소현 최예슬 **사업팀** 한아름 황혜선 고아라
영업본부장 김창훈 **영업1팀** 임우섭 김유정 송지은 **영업2팀** 이경학 오다은 김소연
영업3팀 이득재 허소윤 윤송 김미소
출판등록 2000년 5월 6일 제406-2003-061호
주소 (우 10881) 경기도 파주시 회동길 201(문발동)
연락처 031-955-2100(대표) 031-955-2177(팩스)
홈페이지 www.book21.com

ISBN 978-89-509-6671-3 43900
책값은 뒤표지에 있습니다.

생각이 크는 인문학

6 역사

글 최경석 **그림** 이진아

을파소

목 차

역사란 무엇일까요?

2장

어떤 사건이 역사로 남을까요?

3장

역사를 한눈에 이해하는 방법이 있을까요?

4장

왜 역사를 배워야 할까요?

5장

역사 교과서는 왜 지루할까요?

6장

우리 역사는 나에게 어떤 의미가 있나요?

주사위처럼 역사를 이리저리 굴려보며 이해하기 바랍니다.

그야말로 역사의 시대입니다. 한국사가 수능에서 필수로 지정되었으며 한 편의 사극 영화가 천만 관객을 모으는 시대입니다. 한편에선 고등학교 역사교과서를 둘러싼 논쟁이 있었으며, 한일 간의 과거사 갈등 그리고 독도에 대한 일본의 부당한 영유권 주장이 계속되고 있습니다.

이렇게 역사에 대한 뜨거운 관심이 일어나고 있는 시점에 가장 기본적인 질문 몇 가지를 던져 볼까 합니다.

'역사'라고 하면 무엇이 먼저 떠오르나요? 왕이나 위대한 인물 또는 딱딱한 옛날 용어, 도저히 외워지지 않는 연도가 떠오르는 경우가 많을 거예요. 이런 것들은 역사를 구성하는 요소이지만 역사에서 중요한 부분은 아닙니다. 그보다 중요한 것은 역사는 무엇인지, 역사는 왜 배우는 것인지, 우리는 어떻게 역사를 바라봐야 하는지를 생각해 보는 것입니다.

여러분은 이 물음에 쉽게 대답할 수 있나요? 아마도 쉽지 않을 것입니다.

어쩌면 역사 공부는 전혀 쓸모없는 공부일 수 있습니다. 역사를 배웠다고 해도 그걸 당장 써먹을 수 있는 건 아니니까요. 또 역사에는 한 가지 정답만 존재하지도 않습니다. 중고등학교에서 배우는 다양한 역사 교과서만 봐도 알 수 있듯이 어떻게 바라보는가에 따라 역사는 달라질 수 있지요. 참 골치가 아프죠. 당장 도움이 되는 것도 아니고, 또 정답이 있는 공부도 아니라니 말이에요.

세상의 모든 일들이 그렇지만 차근차근 생각해 보면 내가 알고 있는 지식이 의외로 잘못된 지식이거나 매우 얕은 지식이라는 것을 느끼게 됩니다. 또는 어느 누군가의 견해를 일방적으로 받아들이고 그것만이 진실이라고 여기는 착각을 하기도 하지요. 역사도 마찬가지입니다. 정답인 역사가 분명 존재하고 이것만 제대로 외우면 역사가 무엇인지 알 수 있다고 생각합니다. 그러나 그렇지 않습니다.

여러분 자신에 대한 평가도 주변 친구와 가족, 그리고 선생님 등에 따라 달라질 수 있지요. 물론 공통적인 부분도 있겠지만 평가하는 사람이 누구인지에 따라 조금씩 다르지 않나요? 역사도 마찬가지입니다. 역사적 사실은 하나이지만 누가 어떤 눈으로 바라보느냐에 따라 평가는 달라질 수 있어요. 그러니 역사가 무엇인지 알기 위해서는 역사를 바라보는 다양한 시선을 살펴봐야 합니다.

이 책은 이처럼 역사에 대해 갖고 있던 편견과 오해 고정관념에 대해 주사위를 굴리듯 이리저리 살펴보며 새로운 발상으로 접근해 보려고 합니다. 이를 통해 여러분들이 교과서에서 만나는 역사 또는 그 밖의 역사에 대해 남다르게 생각해 보고 자신만의 관점을 기를 수 있는 기회가 되길 바랍니다.

끝으로 이 책이 나올 수 있도록 제안과 진행을 맡아 주신 이명선님과 출판사에 진심으로 감사드립니다. 또한 이 책에 대해 여러 조언을 아낌없이 해 준 초등학교에서 아이들을 가르치고 있는 제 누님께도 고마움의 마음을 전합니다.

2014년 여름

최경석

1장

역사란 무엇일까요?

역사는 기록이다

대부분의 사람은 거울 보는 것을 좋아합니다. 거울만 있으면 시간 가는 줄 모른다는 얘기도 있지요. 그래서일까요? 미술 작품에는 유난히 자화상이나 초상화가 많습니다. 서양화가 렘브란트는 매우 많은 자화상을 남겼어요. 여러분이 잘 알고 있는 고흐도 자신의 자화상을 남겼고, 다빈치의 명작 모나리자도 초상화이지요.

이렇게 사람은 자신의 얼굴을 남기고 싶어 합니다. 요즘에도 '셀카'라고 해서 스스로 자신의 모습을 남기려고 하지만 사진기가 없던 시절에는 예전 자신의 모습을 알 수 있는 자료는 초상화가 유일했지요.

인간의 기억력에는 한계가 있어서 시간이 지나면 과거의 일이 제대로 기억나지 않을 때가 많습니다. 그럴 때 초상화나 일기처럼 과거를 기억할 수 있는 기록물이 있다면 무척

나도 저거 있었으면
이렇게 초상화 많이
안 그렸지!
쳇!
루벤스
나도…
찰칵!

편리하겠지요. 게다가 타임머신을 타고 과거로 돌아갈 수도 없기 때문에 '과거'의 모습을 알고 싶다면 기록이나 그와 비슷한 것으로 짐작해 보는 수밖에 없답니다.

하지만 안타깝게도 과거의 모든 사실이 기록으로 남아 있지는 않아요. 과거의 사실 중에서 정말 일부만 기록되었기 때문이지요. 그나마 모든 기록이 전해지는 것도 아니어서 현재 우리가 보는 과거의 기록은 마치 바닷가의 모래(과거의 사건) 중에 손에 움켜쥔 일부(남아 있는 기록)라고 할 수 있습니다. 더군다나 모든 기록이 과거의 사실을 담고 있는 것도 아니에요. 기록하는 사람이 누구이고, 그가 무엇을 기록하는가에 따라 달라지기 때문에 과거의 사실을 알 수 있는 기록은 무척 적을 수밖에 없지요.

그래도 인간은 동물과 달리 '기록'이라는 멋진 방법을 고안해 냈기에 과거를 탐구할 수 있습니다. 이런 인간의 기록하는 특징에 주목해 라틴어로 '호모 비블로스(homo biblos)', 즉 '기록하는 사람'이라고 부르기도 합니다.

비블로스(biblos)는 가장 오래된 종이의 원료인 파피루스*를 뜻하는 그리스어입니다. 여기에서 성경이라는 뜻의 바이블(bible)이라는 단어도 생겨났지요.

***파피루스지** 고대 이집트에서 파피루스 풀의 줄기로 만든 종이로, 그림과 함께 다양한 기록이 남아 있다.

바이블은 기독교를 비롯한 종교의 경전이라는 뜻도 있지만 어떤 분야의 가장 중요한 책이라는 뜻도 지니고 있습니다. 곧 기록이 책이 되고 그 책으로 역사를 알게 되는 것입니다.

사실 역사라는 뜻의 영어 단어 '히스토리(history)'는 '탐구'라는 그리스어 히스토리아(historia)에서 유래한 단어입니다. 여기서 탐구의 대상은 바로 책, 과거의 기록을 뜻하지요. 정리하자면 역사란 과거의 기록을 탐구하는 학문인 셈입니다.

동양에서는 역사를 어떤 것이라 생각했을까요? 한자어 '역사(歷史)'의 뜻을 살펴보면 알 수 있습니다. '역사'에서 '역(歷)'은 세월, 시간이 지난다는 뜻이고, '사(史)'는 활쏘기 시합에서 수를 기록하던 사람을 뜻합니다. 그러니 동양에서도 역사는 과거의 일을 기록한다는 의미를 담고 있는 것이죠.

기록 중에서도 특히 문자 기록이 남아 있는 시대를 역사시대라고 합니다. 그리고 문자 기록이 남아 있지 않은 시대는 역사 이전의 시대라는 뜻으로 '선사(先史)시대'라고 하지요. 선사시대는 문자 대신 지층이나 유물 등으로 그 시대의 모습을 추측하는데, 이런 걸 연구하는 학문은 고고학이라고 합니다.

이제 동양과 서양 모두 역사에서 기록을 중요하게 여긴다는 것을 알게 되었어요. 그렇다면 기록된 내용은 그대로 믿을 수 있을까요?

그 답을 찾기 위해 이야기 하나를 소개할게요. 혹시 서동과 선화공주의 이야기를 알고 있나요? 서동과 선화공주의 이야기는 고구려, 백제, 신라가 있던 삼국시대의 이야기입니다.

백제에서 마를 캐며 살던 서동은 신라 진평왕의 셋째 딸 선화공주가 예쁘다는 소문을 듣고 선화공주와 결혼하고 싶어 꾀를 냅니다. 신라의 수도에 와서 아이들에게 마를 나눠 주며 노래를 부르게 한 것이죠. 노래의 내용은 다음과 같습니다.

선화공주님은
남 몰래 사귀어
맛둥(서동) 도련님을
밤에 몰래 안고 간다

해석을 하자면 선화공주가 밤마다 몰래 서동의 방을 찾아간다는 내용이에요. 결혼도 하지 않은 공주가 밤마다 남자의 방에 찾아간다는 내용의 노래가 성 안에까지 퍼지자 화가 난 진평왕은 선화공주를 쫓아냅니다. 성에서 쫓겨난 선화공주를 데리고 백제로 돌아간 서동은 백제의 무왕이 되었고, 선화공주는 백제의 왕비가 되었다는 것이 이야기의 줄거리입니다.

이때 서동이 불렀던 노래를 「서동요」라고 하는데, 서동과 선화공주의 이야기는 이 노래와 함께 고려 시대 승려 일연이 쓴 『삼국유사*』에 실려 있어요.

이 책에는 백제 최대 규모의 절 미륵사를 세우게 된 이야기도 나오는데, 그 내용은 이렇습니다. 어느 날 왕비가 된 선화공주와 무왕이 길을 가고 있는데 연못에서 미륵삼존상이 솟아올랐습니다. 이를 기이하게 여긴 선화공주가 미륵삼존상을 모시기 위해 미륵사를 지었다는 것입니다.

* **삼국유사(三國遺事)** 고려 시대 승려 일연이 민족적 자주 의식과 불교에 대한 세계관을 바탕으로 쓴 책으로 '유사'라는 말 그대로 고구려, 백제, 신라의 남겨진 이야기를 담고 있는 책이다.

그런데 2009년 미륵사터에 남아 있던 석탑에서 미륵사를 지을 때 넣어 둔 것으로 추정되는 기록이 발견되었습니다. 기록의 내용은 현재 남아 있는 미륵사지 석탑이 동탑과 서탑 중 서쪽의 탑이라는 것과 639년 무왕 때 건립되었다는 것입니다.

미륵사가 무왕 때 세워졌다는 내용은 『삼국유사』의 내용과 같습니다. 문제는 그 다음이지요. 미륵사터 석탑에서 나온 기록에 미륵사와 그 탑을 짓기를 원했던 이가 무왕의 왕비 '사택왕후'라고 쓰여 있던 것입니다. 신라 출신의 선화공주가 아니고요. 사택왕후는 백제 귀족인 좌평 사택적덕의 딸입니다.

이게 어떻게 된 일일까요? 둘 중 어떤 기록이 맞는 기록일까요? 미륵사를 지을 때 잘못된 기록을 넣어 둔 것일까요, 아니면 『삼국유사』의 서동요와 선화공주 이야기가 지어낸 이야기일까요?

아무래도 미륵사에서 발견된 기록은 미륵사를 지을 당시에 적은 것이고, 『삼국유사』의 내용은 삼국시대가 아닌 고려 후기에 쓰인 것이기 때문에 『삼국유사』의 내용이 더 의심받을 수밖에 없습니다. 하지만 역사가들은 무왕이 미륵사를 창건했다는 내용이 두 기록에서 공통적으로 등장하고, 『삼국유사』의 내용이 다른 역사서의 내용과 일치하는 부분도 있기 때문에 지어 낸 이야기라고 단정 지을 수 없다고 합니다.

하지만 안타깝게도 어떤 이유로 사택왕후가 선화공주로 전해졌는지는 타임머신을 타고 일연을 만나 묻기 전까지는 알 수 없어요. 다만 여러 가지 상황을 바탕으로 추정해 볼 수는 있습니다.

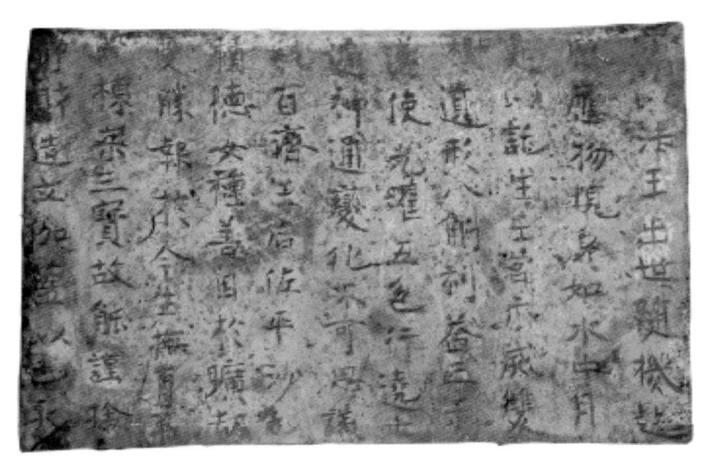

미륵사지 석탑에서 발견된 금제사리봉안기(가로 15.5cm, 세로 10.5cm)

백제 사택왕후가 절을 창건하고 탑을 조성해 왕실의 안녕을 기원한다는 내용이 쓰여 있다.

✸ **나제동맹** 삼국시대에 신라와 백제가 고구려를 막기 위해 맺은 동맹이다. 433년에 시작해 약 120년간 계속되었다.

백제의 수도가 웅진에 있던 5세기, 동성왕이 신라와 '나제동맹✸'을 맺어 고구려에 대항했던 적이 있는데 그때 신라의 이찬비지의 딸을 백제의 동성왕에게 시집보냈다는 기록이 있습니다. 이런 역사적 경험으로 백제인들에게 신라는 싸워야 하는 존재이면서 때로는 같은 민족이라는 의식이 자리 잡고 있었던 것 같습니다. 그런 생각이 신라의 공주를 백제의 왕비로 삼았다는 이야기로 발전한 건 아닌가 하는 추측을 해 볼 수 있습니다. 또는 중생을 구제한다는 부처 미륵불과 신라의 선화공주를 모두 등장시킴으로써 백제 무왕의 위상을 넓힐 수 있는 설화로 전해졌을 수 있다는 추정도 있습니다. 또 다른 의견으로는 결국 백제를 멸망시킨 신라 입장에서 백제인을 포용하고 그들의 한을 달래기 위해 선화공주의 설화를 지었으며, 이것이 고려까지 전해진 것이라는 추측도 있습니다. 오늘날로 보면 지역감정을 치유하고, 국가를 통합하려는 노력이라고 할 수 있지요.

어떤 설이 진짜인지, 혹은 모두 잘못된 추측인지는 알 수 없지만 역사가는 당시의 상황을 고려해서 설득력 있는 추측을 내놓아야 합니다. 역사적 자료를 뼈대로 역사가의 상상력을 보태 역사를 재구성해 내는 것이죠.

어떤 설이 맞는지 몰라도 교과서에도 등장하는 「서동요」 이야기가 사실이 아닐 수도 있다니 놀랍지 않나요? 게다가 『삼국유사』의 내용 전부가 가짜는 아니라고 하니 어찌할 바를 모르겠습니다.

이렇게 서로 상반되는 역사의 기록이 등장할 수도 있기 때문에 기록을 그대로 믿을 수는 없습니다. 앞서 히스토리(history)라고 하는 영어 단어의 뜻이 '탐구'라는 그리스어 '히스토리아'에서 탄생했다고 한 말 기억하지요? 이처럼 역사란 기록을 있는 그대로 믿는 것이 아니라 탐구하는 학문입니다. 다시 말해 역사란 과거의 사실을 알려 줄 수 있는 기록을 탐구해 그 진실을 찾는 것 또는 그 활동이라고 할 수 있습니다.

역사가들은 이렇게 서로 다른 기록, 즉 누군가의 눈에 주목을 받아 기록물로 남게 된 과거에 대해, 그것이 진실인지 아닌지 그리고 과연 오늘날에도 의미가 있는 것인지 열심히 '탐구'합니다. 그래야 진짜 역사가 성립할 수 있으니까요.

과거의 모든 기록이 역사가 될까요?

자, 역사는 기록이고, 또 그 기록을 탐구하는 것이 역사라는 점을 알게 되었습니다. 그렇다면 도대체 어떤 기록을 탐구해야 할까요? 모든 기록이 역사적 탐구의 대상이 되는 걸까요? 다음의 내용을 잘 생각해 보세요.

민족의 독립을 선언했던 3·1운동 당시 총독부 기관지였던 <매일신보>는 이를 사회의 불만, 불평분자들이 일으킨 폭동과도 같은 '소요' 사태라고 기록했다. 반면 당시 비밀리에 인쇄되었던 우리 민족의 신문이었던 <조선독립신문>은 3·1운동을 명확하게 독립 선언과 독립 운동이라고 기록했다. 그렇다면 하나의 사건에 대한 서로 다른 두 기록 모두 역사가 될 수 있을까? 그리고 진실을 알리고 있는 기록은 둘 중 무엇일까?

이 문제를 해결하기 위해 몇 가지 살펴볼 것이 있습니다. 하나는 과거의 수많은 기록이 자동적으로 역사가 되는 것일까 하는 문제이고, 다른 하나는 같은 과거 사실에 대한 서로 다른 기록이 존재할 때 어떻게 할 것인가 하는 문제입니다.

첫 번째 문제는 매일 접하는 뉴스나 기사를 통해 알게

되는 그 전날(과거)의 일들을 떠올려 보면 쉽게 생각해 볼 수 있습니다. 9시 뉴스나 신문을 보면 어제(과거) 발생한 모든 일들이 하나도 빠짐없이 보도되던가요? 여러분들과 이웃의 일들, 혹은 학교에서 일어난 모든 일이 신문에 실리는 일은 없지요? 신문에 실린 기사는 취재와 편집을 거쳐 신문사나 방송사의 입장에서 꼭 알려야겠다고 생각한 것입니다. 다른 사람들과 공유할 만한 가치가 있는 내용인 것이지요.

한편, 신문에 실린 어제의 일들이 각 신문의 1면부터 마지막 면까지 동일한 비중으로 기록되어 있지도 않습니다. 예를 들어 글씨 크기나 기사 크기, 우선순위도 전혀 다릅니다. 만약 모든 내용이 똑같은 비중으로 다뤄진다면 여러 신문사가 존재할 이유도 없을 거예요. 어떤 사건이 기사로 실리는지 뿐만 아니라 똑같은 사건에 대한 기사도 신문사의 입장과 의도에 따라 달라지게 마련입니다.

역사도 이와 유사한 면이 있습니다. 1919년 3월 1일에 벌어진 일은 셀 수 없을 정도로 많습니다. 그중 우리가 기억하고 있고, 역사라고 부르는 것은 주로 '3·1운동'이라는 우리 민족의 독립 운동에 대한 것이지요. 즉, 과거의 모든 기록 혹은 기록된 사실들이 모두 역사가 되는 것은 아닙니다.

같은 날, 같은 사건이지만
의도에 따라 다르게
기록한다!

그럼 3·1운동은 왜 기록으로 남겨져 오늘날까지 배우게 되었을까요? 그건 오늘날에도 그 사건이 주목할 만한 '가치'가 있기 때문입니다. 1919년의 3·1운동은 부당한 식민 지배에 맞서 민족의 독립을 선언한 중요한 사건이기 때문에 오늘날까지 꼭 알아야 할 역사가 되었습니다.

제1차 세계대전이 끝나고 미국의 대통령 우드로 윌슨은 '각 민족은 정치적 운명을 스스로 결정할 권리가 있으며, 다른 민족의 간섭을 받을 수 없다'는 이른바 민족자결주의를 주장했습니다. 이 주장은 세계적으로 지지를 얻었지요. 하지만 당시 식민 통치를 받는 민족 중에 이를 적극적으로 주장하고 나서는 민족은 없었습니다. 자칫 엄청난 희생을 당할 수도 있는 주장이었기 때문이지요. 이때 우리 민족이 '대한 독립 만세'를 외치며 거리로 쏟아져 나온 것입니다. 처음에는 종교계 지도자들을 중심으로 학생과 시민들이 호응했고, 이어서 농민, 노동자, 여성 등 우리 민족 구성원 모두가 이 3·1운동에 참여했습니다.

3·1운동은 당시에도 세계적인 주목을 받았습니다. 조직적인 독립 운동을 하기 위해 세워진 대한민국 임시 정부의 계기가 되었을 뿐만 아니라 다른 민족과 국가에도 큰 영향을 미쳤습니다. 대표적인 것이 중국에서 일어난 5·4운동이지요.

이 3·1운동에 대한 서로 다른 기록이 존재한다는 것은 앞서 이야기했습니다. 일제는 우리의 정당한 독립 운동에 대해 공공질서를 문란하게 하는 폭행이나 파괴 행위를 지칭하는 '소요' 사태로 기록했습니다. 반면, 우리는 비밀리에 제작한 신문을 통해 정당한 독립선언이라고 기록했지요. 일제는 명백한 독립 운동을 '소요' 사태로 왜곡 보도한 것입니다.

같은 사건을 다르게 기록한 경우는 일제강점기에 있었던 이른바 '일장기 말소 사건'에서도 일어났습니다. 1936년 베를린 올림픽에 참가한 마라토너 손기정 선수는 제2차 세계대전을 일으킨 히틀러의 나라에서 보란 듯이 금메달을 따

국내 신문에 실린 일장기를 지운 사진(왼쪽)과 일본 신문에 실린 사진(오른쪽)

냈습니다. 이를 국내에 보도한 〈동아일보〉와 〈조선중앙일보〉는 손기정 선수의 옷에 새겨진 일장기를 지운 사진을 신문에 올렸습니다. 이것이 바로 '일장기 말소 사건'입니다. 일제는 이를 문제 삼아 〈동아일보〉를 무기한 발행 정지시키고, 〈조선중앙일보〉는 폐간시켰습니다.

일제는 손기정을 일본 선수로 여겼고, 일본이 마라톤에서 금메달을 땄다고 생각했습니다. 반면 국민들은 일제의 식민 지배가 부당하다고 여겼고, 〈동아일보〉와 〈조선중앙일보〉는 부당함을 알리고자 일장기를 지워 그 뜻을 표시했던 것입니다. 그래서 손기정 선수가 베를린 올림픽에서 금메달을 땄다는 사건에서 상반되는 입장이 존재하게 된 것이죠.

이렇듯 한 가지 사건에 대해서도 보는 눈에 따라 서로 다른 의견이 있을 수 있기 때문에 과거의 기록을 판단할 때는 그 기록이 올바른 기록인지, 진실을 왜곡하고 있지는 않은지 검증하는 절차가 꼭 필요합니다.

고대 아테네와 스파르타 간의 전쟁을 기록한 『펠로폰네소스 전쟁사』의 역사가 투키디데스*는 이렇게 말했습니다.

*** 투키디데스(Thncydides)**
고대 그리스의 장군이자 역사가이다. 펠로폰네소스 전쟁에서 활약했으며 이후 펠로폰네소스 전쟁의 역사를 다룬 책을 저술했다.

서로 다른 목격자들은 같은 사건에

대해 다른 진술을 내놓았다. 이들은 어느 한쪽이나 상대편을 편들기도 했고, 그렇지 않으면 불완전한 기억이 문제가 되기도 했다.

이 말은 그가 『펠로폰네소스 전쟁사』 서문에서 언급한 내용입니다. 투키디데스는 직접 전쟁이 벌어진 곳에 가서 오늘날의 기자처럼 사건을 취재했지만 전쟁의 진실을 밝히기가 매우 어려웠다고 토로했습니다. 왜냐하면 같은 사건에 대해서도 어떤 입장으로 바라보느냐에 따라 내용이 달라질 수 있기 때문이지요. 따라서 역사가는 역사의 진실을 밝히기 위해서 신중하면서도 꼼꼼하게 기록을 검토해야만 합니다.

이처럼 과거의 목격자라고 할 수 있는 '기록'은 1차적인 역사 자료임에 틀림없지만 '역사'가 되기에는 부족하다는 것을 알 수 있습니다. 그렇다면 과거의 기록된 사실 중 어떤 것이 역사가 되고, 어떤 과정을 거쳐 역사라고 부를 수 있게 되는 것인지 한 번 살펴보겠습니다.

역사가는 과거의 진실을 찾는 명탐정

과거의 모든 기록이 역사가 되는 것이 아니라, 그중 일부만 선택되어 '역사적 사실'로 인정받는다면 이것을 선택하는 이는 과연 누구일까요? 그 사람은 바로 '역사가'입니다.

역사가는 명탐정 셜록 홈즈와 비슷한 점이 참 많습니다. 셜록 홈즈가 사건의 진실과 범인을 찾는 것처럼, 역사가도 과거 속에서 역사적 진실을 탐구하지요. 또한 셜록 홈즈가 사건 현장에 있는 물건이나 흔적에서 결정적 증거를 찾아내는 것처럼 역사가도 과거의 무수히 많은 사건과 기록 중에서 역사적 가치가 있는 내용을 찾아냅니다.

역사가의 첫 번째 임무는 최대한 많은 사실 또는 기록을 수집하는 것입니다. 우선 다양한 자료를 훑어 본 후에 그것이 진짜인지 가짜인지 구분하거나 혹은 어떤 맥락에서 그 기록을 바라봐야 할지 판단하는 것이죠. 중요한 점은 단편적인 과거의 사실을 여러 가지 사건에 연관지어 파악해야 한다는 것입니다.

5세기에 중국의 북조와 남조가 각각 고구려에 책봉을 한 기록이 있습니다. 단순하게 보면 고구려가 중국 왕조의 제후국가, 쉽게 말해 신하 국가가 되는 것입니다. 이것이 고구려가 과거에 중국의 지방 정권이었다는 중국 주장의 근거가 되지요. 오늘날 중국은 이 기록을 바탕으로 고구려와 발해의 역사를 자신들의 지방정권 역사로 포함시키려 하고 있습니다.

그런데 과연 그것이 옳은 판단일까요? 명탐정 셜록 홈즈 같은 뛰어난 능력을 지닌 역사가라면 그 기록 외에도 여러

슬슬~ 역사의 조각이
맞아 들어 가는군!
그림이 보여.
수집된 기록들

다른 기록을 비교해 볼 것입니다. 같은 5세기에 고구려에서 세운 광개토대왕릉비문에는 고구려가 천손국가, 즉 하늘의 후손이 세운 국가이자 천하를 지배하는 중심이라는 자부심이 담긴 내용이 적혀 있습니다. 고구려가 정말로 중국의 제후국이었다면 광개토대왕비에 그런 내용을 적을 수 있었을까요?

두 가지 기록을 모두 본 역사가라면 앞의 고구려가 중국 남북조와 조공-책봉 관계를 맺은 것은 무엇을 의미하는 것일까, 그리고 그것을 어떻게 해석해야 할 것인가 하는 고민에 빠질 것입니다. 보다 명확한 판단을 하기 위해 더 많은 자료를 모으고 고구려와 중국뿐만 아니라 같은 시기 다른 나라와의 외교 관계도 하나하나 파악하겠죠.

다양한 관점에서 자료를 분석하다 보면 고구려와 중국의 '조공-책봉 관계'는 직접 지배를 인정한 것이 아니고, 오히려 고구려가 중국의 남북조라는 분열 상황을 이용했다는 것을 알 수 있습니다. 겉으로는 중국의 책봉을 받아들이면서 실질적으로는 독자적인 국가로 세력을 뻗어나갔던 당시 고구려의 상황을 이해할 수 있게 되는 것입니다.

여러 가지 과거의 사실을 같은 비중으로 파악하는 것이 아니라 그중에서 어떤 것은 덜 중요하게 또 어떤 것은 더 중요하게 판단하는 것과 그것으로 역사의 구체적인 모습을 찾는 것도 역사가의 역할입니다. 그리고 그렇게 역사가가 해석해 낸 것이 바로 우리가 접하게 되는 '역사'이지요.

그래서인지 영국의 역사가 E.H.카는 『역사란 무엇인가』라는 책에서 "역사는 사실과 역사가 사이의 상호작용의 과정이며, 현재와 과거 사이의 끊임없는 대화이다."라는 명언을 남겼습니다.

결국 역사가의 가장 기본적인 임무는 사실 혹은 기록을 최대한 수집하는 것이라 할 수 있습니다. 그 속에서 실타래처럼 얽힌 원인과 결과, 상호 관계를 찾아내 그 시대의 모습을 오늘날에 보여 주는 것이지요.

그렇다면 역사가는 과거의 어떤 기록을 선택할까요? 그러려면 우선 기록의 종류에 어떤 게 있는지부터 생각해 봐야겠지요. 대표적인 것은 과거에 쓰인 책입니다. 책에도 역사에 대해 적은 『삼국유사』나 『삼국사기』, 『조선왕조실록』 같은 책이 있고, 소설이나 시를 적은 책이나 법을 담은 책 등 다양한 종류가 있어요. 또 미륵사터에서 발견된 금제사리봉안기처럼 절이나 탑을 지을 때 그 내용을 담은 기록이 있을 수 있고, 비석이나 건물에 적은 기록도 있어요.

그렇다면 개인이 쓴 일기도 역사가에게 필요한 기록이

헉! 이건
약 1000년 전
쓰여진 일기!
이럴수가…
음…일단은
보관하자구!
그런데
글씨가 엉망이라
당최 해석이
안돼!
그나마
읽히는 문장이
완전 중이병이야.
나중
일기
♪~
소중한
기록이
될거야
후후…누가 알아?
지금 내가 쓴 일기를
먼 훗날 역사가가
분석하게 될지?

될까요? 여러분이 쓴 일기가 훗날 역사 자료로 활용될 수 있을지 한번 생각해 보기 바랍니다.

만약 어떤 역사가가 한 시대의 모습을 복원해 내면서 그 시대의 정치, 경제적 상황에서 개인이 어떤 영향을 받았고 어떻게 행동했는지 알고 싶다면 개인의 일기도 좋은 자료가 될 수 있습니다.

임진왜란 때 이순신이 남긴 '난중일기'나 제2차 세계대전 때 어린 소녀가 남긴 '안네의 일기'는 내밀한 개인의 감정을 적은 기록이지만 오늘날에는 매우 훌륭한 역사적 자료로 여겨지고 있습니다. 특히 안네의 일기는 제2차 세계대전과 히틀러의 유대인 학살에 대한 생생한 기록 중 하나입니다. 당시 시대의 모습과 이를 맞닥뜨렸던 개인의 역사가 드러나는 훌륭한 사료이지요.

물론 훌륭한 역사가라면 난중일기나 안네의 일기만 보고 당시 역사를 다 안다고, 혹은 그 내용만이 모두 진실이라고 말하지는 않겠지요. 같은 시대에 쓰인 다양한 자료를 충분히 읽고 역사적 맥락 속에서 그 시대의 모습을 복원해 낼 것입니다.

다양한 종류의 기록이 많을수록 그 시대의 모습을 구체적으로 그려 내는 데 도움이 됩니다. 그러니 여러분이 매일

쓰는 일기가 훗날 역사적 자료로 쓰일 수도 있겠죠? 먼 훗날 오늘날을 탐구하게 될 역사가들이 여러분의 일기를 기다리고 있을지도 모를 일입니다.

헤로도토스와 투키디데스

역사를 역사답게 쓴 최초의 인물은 바로 헤로도토스(Herodotos)입니다. 그는 고대 그리스의 도시 할리카르나소스(오늘날 터키 남서부)에서 태어났습니다. 기원전 5세기의 인물로 페르시아 전쟁이 치러지고 있을 때 태어나 그 이후에 죽은 것으로 알려져 있지요.

헤로도토스 이전까지 역사는 시(운문)의 형태로 남겨졌습니다. 대표적인 것이 호메로스의 『일리아드』와 『오디세이』이지요. 두 책 모두 영웅의 모험담이라는 것과 주인공이 제우스나 헤라 등의 신이라는 점에서 같습니다.

한편 헤로도토스는 페르시아 전쟁의 원인을 밝히기 위해 다양한 방법으로 자료를 수집해 전쟁의 시작에서 결말까지 서술하는 전체 아홉 권의 『역사』라는 책을 펴냈습니다. 헤로도토스는 구체적인 자료를 수집하기 위해 고향 할리카르나소스에서 흑해와 그리스, 더 나아가 이집트, 바빌로니아 방면까지 여행을 하면서 여러 민족의 역사와 풍습, 전해진 이야기 등을 상세히 관찰하고 수집했습니다. 사실에 입각해 역사를 서술한 것이지요. 그렇기 때문에 그의 책 주인공은 신이 아닌 인간입니다. 형식도 운문이 아닌 산문 형식이고요. 비로소 오늘날의 역사책의 모습을 띠게 된 것이죠.

심지어 책의 제목도 『역사[히스토리아(historia)]』입니다. 히스토리아라는 단어의 뜻 그대로 그는 과거를 탐구한 최초의 역사학자입니다. 로마 시대 키케로는 그를 역사의 아버지라고 부르기도 했죠.

그와 비교되는 역사가로 투키디데스를 꼽을 수 있습니다. 투키디데스는 『펠로폰네소스 전쟁사』를 기록한 아테네 출신의 역사가입니다. 그는 기원전 431년부터 기원전 404년까지 치러진 이 전쟁에 직접 참여했으며 아테네 제국이 몰락하는 것을 지켜본 인물입니다.

그는 역사를 집필할 때 무엇보다 '사실'을 최우선으로 여겼습니다. 이 책을 집필하기 위해 가능한 한 모든 사료를 수집했을 뿐만 아니라 사료의 사실 여부를 꼼꼼하게 분석하고 검증했지요. 오늘날의 역사가들과 큰 차이가 없을 정도로 탁월하게 사료를 비판한 거예요.

앞서 언급한 헤로도토스는 이 정도까지 사료를 연구한 건 아니었습니다. 헤로도토스가 『역사』를 집필하면서 수집한 자료는 그때까지 내려오던 전설이나 이야기 등의 구전 자료가 대부분이었습니다. 그가 직접 확인한 사실은 일부분에 불과하다고 합니다. 그래서 비판을 받기도 하지요. 자료 수집은 제대로 했을지 모르지만 그 자료를 철저하게 검증하지 않았기 때문입니다.

반면 투키디데스는 아테네와 스파르타의 양쪽 사료 모두를 비교한 후에야 역사를 서술했습니다. 자신의 생각을 먼저 내놓기보다 냉정한 분석을 우선시했던 것입니다. 심지어 어떤 연설문이 있다고 하더라도 실제 연설된 부분만 사실로 인정하는 꼼꼼함을 보여 주었다고 합니다.

그렇다고 자신의 의견을 드러내지 않고 사실만 기록한 것은 아니에요. 앞서 역사를 사실과 역사가의 만남 혹은 과거와 현재의 대화라고 했던 것처럼 투키디데스는 철저하게 사료를 검증한 이후에 역사가로서 자신의 평가를 내놓기도 했습니다.

역사를 역사답게 만든 두 명의 역사가, 바로 헤로도토스와 투키디데스입니다.

2장

어떤 사건이 역사로 남을까요?

왕을 위한 역사? 모두를 위한 역사!

‘왕(王)’이라는 한자는 하늘과 땅, 인간을 관통하는 모습을 형상화하고 있습니다. 우주의 만물을 관장하는 존재라는 의미인 왕은 절대 권력 그 자체이지요. 따라서 왕은 고대부터 하늘이나 신의 뜻을 이어받은 자로 여겨졌습니다.

고대 이집트의 왕을 의미하는 ‘파라오’는 지상에서 태양신을 대신하는 존재라는 뜻입니다. 중국에서도 왕을 하늘의 아들이라는 뜻의 ‘천자(天子)’나 가장 성스러운 왕 중의 왕이라는 뜻으로 ‘황제(皇帝)’라는 표현을 썼지요. 서양에서도 프랑스의 루이 14세는 자신을 태양왕이라고 지칭하며 절대왕정시대의 왕권을 강화했습니다.

우리나라에서는 어땠을까요? 조선 시대에는 왕을 하늘에서 밝게 빛나는 북극성에 비유했습니다. 반면 신하들은 북극성 주위를 맴도는 별자리로 묘사됐지요. 이처럼 동서를 막론하고 '왕' 혹은 '군주'는 최고의 권력을 상징합니다.

그렇다고 해서 모든 왕이 똑같은 권력을 가진 것은 아니에요. 왕의 종류는 크게 두 부류로 나눠 볼 수 있습니다. 하나는 왕이 곧 법이라 할 수 있는 '전제군주'이고, 다른 하나는 주권이 국민에게 있으나 형식상 국가를 대표하는 '입헌군주'입니다.

같은 전제군주라고 해도 시대와 국가마다 전혀 다른 모습을 띱니다. 진시황제나 네로와 같은 고대의 왕은 강력한 권력을 가졌습니다. 진시황제는 중국을 통일한 최초의 왕이자 처음으로 '황제'의 칭호를 사용한 인물입니다. 최초의 황제답게 절대 권력을 지녔던 진시황은 흉노의 침입에 대비해 어마어마한 사람과 돈을 투자해 만리장성을 쌓았으며, 사치와 낭비의 대명사인 아방궁도 지었지요. 로마의 네로 황제는 전차 경주나 검투사 경기, 축제 등에 국가 재정을 낭비하고 기독교인을 학살했습니다.

한편, 오늘날 영국이나 일본의 왕은 앞서 말씀드렸던 왕과는 전혀 성격이 다릅니다. 여전히 국가의 대표인 것은 맞지만 권력은 왕이 아닌 국민에게 있습니다. 영국과 일본처럼 입헌군주제의 왕은 권력을 가진 존재라기보다는 상징적인 존재라고 할 수 있지요.

세계사에서 왕이 통치하는 시대가 끝난 것은 제1차 세계대전 이후입니다. 우리나라의 경우에는 1907년 신민회*에서 처음으로 왕의 존재를 부정했습니다. 하지만 실제로 민주공화국의 모습을 갖춘 것은 제2차 세계대전이 끝난 이후이지요.

***신민회** 1907년 양기탁, 안창호 등이 중심이 되어 만든 애국 계몽 운동 단체이다. 학교, 자기 회사와 출판 사업 등을 하면서 실력 양성 운동을 진행했고, 비밀리에 국권 회복 운동을 추진했다. 신민회의 지향점은 공화정 국가를 건설하는 것이었다.

권력이 국민에게 돌아온 지는 정말 얼마 되지 않습니다. 그만큼 왕은 역사가 시작된 이후 아주 오랫동안 정치체제의 중심에 있었던 인물입니다. 그렇기 때문에 역사 교과서에서 다양한 사회, 경제, 문화적 발전을 왕의 업적으로 표현하고 왕을 중심으로 서술하는 것이지요. 물론 뛰어난 왕의 리더십이 국가를 눈부시게 발전시키기도 했고요.

18세기 정치와 사회가 눈부시게 발전했던 시기를 흔히들 '영·정조 시대'라고 합니다. 영조와 그의 손자였던 정조는 고르게 인재를 등용하는 탕평책을 실시함으로써 그 이전까지 노론과 소론, 남인 등의 붕당이 권력을 잡기 위해 다투느라 발생했던 정치 문제를 해결했습니다. 한 마디로 자신이 속한 붕당을 위한 정치적 다툼을 멈추고 왕을 중심으로 권력이 모아져 정치가 안정을 찾게 된 것이죠. 이렇게 생

나 루이 14세는
태양왕이라고
적어둬!
기록을 남긴 이들이
대부분 지배층이니
왕이 중심이
될 수밖에…
네~
네~

긴 강력한 리더십을 바탕으로 상공업의 발전이 이뤄졌고 사회가 활기차게 변화했습니다. 또한 모내기 방법을 전국으로 확산시켰습니다. 모내기를 하면 잡초를 제거하는 수고가 필요 없기 때문에 남는 노동력으로 그만큼 더 많은 토지에 벼농사를 지을 수 있게 됩니다. 그 결과 양반에 견줄 만한 부자 농민이 등장했습니다. 경제적으로 여유가 생기니 자연스레 다양한 서민 문화가 발전하게 되었죠. 이렇게 왕의 리더십이 직접적으로 국가의 발전에 큰 역할을 하는 경우가 있습니다.

유럽에서도 이와 같은 예는 충분히 찾아볼 수 있습니다. 영국의 엘리자베스 1세의 시기가 그러한 때라고 할 수 있지요. 엘리자베스 1세 이전까지 영국은 유럽의 작은 섬나라에 불과했습니다. 스페인과 프랑스라는 강국의 틈에 끼여 눈치를 봐야 할 정도였지요. 이른바 '무적함대'라고 불리던 해상왕국 스페인 입장에서 영국은 정말 볼품없는 나라였습니다. 대륙을 호령하던 프랑스도 영국을 얕보았고요. 그런데 엘리자베스 1세는 강력한 리더십과 통치로 스페인의 무적함대를 무너뜨렸습니다. 영국이 유럽의 새로운 강자로 등극한 것입니다.

그러니 근대 이전 시대를 이해할 때 '왕'이라는 키워드는 분명 중요합니다. 하지만 더 중요한 점은 왕을 통해서 우리가 알아야 하는 역사의 모습이 무엇인가 하는 점입니다.

과거에는 역사를 만들고 그것을 기록한 이들이 왕을 비롯한 지배층이었을지 모르지만 오늘날 우리가 배우는 역사는 왕을 위한 역사도, 지배자를 위한 역사도 아닙니다. 역사는 왕이 아니라 과거를 살았던 인간 모두의 모습을 생생하게 탐구하는 것이죠. 물론 과거의 기록이나 유산이 왕과 지배층 위주로 되어 있어서 어쩔 수 없는 부분이 있겠지만 그 시대의 독특한 현상과 사건, 발명과 발전 등의 변화를 모두 왕의 업적이라고 생각하는 것은 잘못된 생각입니다. 때론 위대해 보이고 매혹적인 왕이 등장할지 모르지만 그들은 누군가의 희생이나 노력을 통해 권력을 누리고 능력을 발휘할 수 있었던 존재입니다.

왕이라는 존재는 사람을 신분으로 나누어 차별하던 시대에나 가능한 권력이었습니다. 신라에 선덕여왕, 진덕여왕, 진성여왕 등의 여왕이 존재했지만 이들은 왕족이라는 신분 때문에 왕이 되었던 것이지 여성이기 때문에 왕이 된 것은 아닙니다. 따라서 선덕여왕, 진덕여왕, 진성여왕을 남녀평등의 시선에서 여성이 권력을 잡은 예로 볼 수는 없지요.

고대의 몇몇 왕은 강력한 힘을 행사했지만 잠재적인 왕

이 될 수 있는 또 다른 귀족 등의 견제를 받았습니다. 따라서 왕권을 유지하기 위해서는 계속 권력 경쟁을 할 수밖에 없었지요. 신라의 신문왕은 장인 김흠돌을 죽였고, 태종 이방원은 부인의 두 동생을 역적으로 몰아 죽였습니다. 삼촌이었던 수양대군은 어린 조카였던 단종을 몰아내고 왕이 되기도 했지요. 이런 권력 투쟁은 대다수의 피지배층의 삶과는 관계가 없는 것입니다.

오직 왕과 귀족만을 위한 사회에 대해 문제제기가 이어지고, 왕의 통치력도 힘을 잃자 사회가 몰락하기 시작했습니다. 이에 인간의 존엄성, 자유와 평등이라는 근대적인 이상이 요구되었고, 결국 '혁명'이라는 급진적인 방법을 통해 왕은 시민에게 권력을 내어 주고 역사에서 사라지게 되었습니다.

몇몇 국가에 왕이 남아 있지만 오늘날 남아 있는 왕의 모습이란 어쩌면 과거의 추억과도 같은 존재이거나 아니면 국가를 대표하는 상징일 뿐입니다.

평범한 사람들의 역사는 왜 알려지지 않았을까요?

18세기 조선의 화가 김홍도는 서민들의 다양한 삶을 화

폭에 담았습니다. 모내기하는 사람들, 대장간에서 담금질하는 남자들, 빨래하는 아낙네들, 씨름하는 이들의 모습 등…… 만약 그 시대 생활상을 알 수 있는 이런 기록을 서민 스스로 남겼거나 역사가들이 생생하게 서술했다면 우리는 그들의 역사를 더 잘 알 수 있을 것입니다. 그러나 아쉽게도 당시 피지배층의 삶을 이해할 수 있는 자료는 극히 드물어요. 그리고 농민과 노동자들에 대한 서술도 매우 제한적이지요. 가장 많은 수의 사람들이 피지배층으로서 삶을 살았지만 정작 교과서에 나오는 역사도 일부분에 불과합니다.

하지만 현재와 과거, 전통 사회와 근현대 사회를 이해하는 열쇠는 바로 평범한 사람들의 모습입니다. 오늘날에는 신분이나 재산에 관계없이 평등하게 학교에서 배우고, 원하는 직업에 도전할 수 있습니다. 그러나 전통 사회에서는 매우 힘들었어요. 지배층과 피지배층이 엄격히 구분되어 있었고, 문자를 이해하고 기록을 남기는 것도 지배층의 특권이었지요. 고려 시대부터 법적으로는 평민도 과거에 응시할 수 있었지만 실제로 과거에 급제해 신분을 상승시키는 평민은 극히 드물었습니다. 조선 시대에도 평민이 과거를 볼 수 있었지만 실제 글을 읽고 쓸 수 있는 능력을 키우는 일은 먹고살기 바빴던 피지배층에겐 먼 나라 얘기일 수밖에 없었습니다. 서양에서도 마찬가지였습니다. 생산 활동에 여념이 없었던 이들에게 교육의 기회는 흔치 않았습니다.

역사 속에서 '권력'과 '지배'란 꼭 힘에 의해 존재하는 것만은 아닙니다. 문자와 지식의 독점도 권력의 바탕이 될 수 있지요. 만약 노예부터 농민, 노동자, 수공업자 등 다양한 피지배층이 그들 스스로 남긴 기록이 있었다면 교과서에 그들의 역사도 더 많이 실릴 수 있었을 것입니다.

한편, 교과서에 피지배층의 역사가 적은 이유에는 역사가에게도 책임이 있습니다. 기록을 남기는 역사가들에게 노예보다는 황제와 영웅들의 이야기가 더 매력적으로 느껴졌을 테니까 말입니다. 게다가 역사가들이 보게 되는 기록도 지배층이 남긴 것이기 때문에 더더욱 피지배층의 역사는 짧게 서술될 수밖에 없는 것이지요.

그뿐만이 아닙니다. 역사가들은 중요한 사건은 피지배층이 아닌 지배층에서 나타난다고 판단했기 때문에 그들의 눈에 피지배층의 역사가 들어오지 않았던 것입니다. 사실 어떤 국가의 발전이나 국가 간의 외교, 전쟁, 혁명 등의 정치사에 국한해서 역사를 본다면 지배층의 역사 외엔 남는 것이 없습니다. 정치사에 주목했던 역사가들은 생산 활동

우리 이야기가
더 화려하고
그럴듯한데…
오왜?
앗, 이런 곳에
새로운 서민의 역사가!
지배층의 역사
아, 글쎄
우리 이야기 좀
들어보라고!
피지배층의 역사
내가 진짜
할 말이
많아요.
이 이야기는
좀 알고
있어야 돼!

만을 하는 피지배층에게 역사적 가치를 발견하기 힘들었던 것이지요.

이렇게 본다면 역사는 '승자의 기록'이라는 점을 인정할 수밖에 없는 걸까요?

그러나 최근에는 그동안 주목받지 못했던 피지배층의 역사를 복원하는 작업이 활발하게 진행되고 있습니다. 비록 남아 있는 기록은 적지만 역사의 진정한 주인공은 왕과 지배층이 아니라 오히려 이들 피지배층일 수도 있다는 생각이 힘을 얻고 있기 때문이지요.

예를 들어, 1919년 〈독립선언서〉를 발표하고 3·1운동을 점화시킨 것은 민족대표 33인과 학생들이었지만 3·1운동이 전국적으로 번져 나갈 수 있었던 까닭은 3·1운동의 주요 구성원이 농민층이었기 때문입니다. 하루하루 먹고살기 바빴던 이들이었지만, 일제의 잔혹한 식민 통치에서 가장 신음하며 고통을 겪었기 때문에 독립 운동의 맨 앞에 서서 민족운동으로 발전시킨 것입니다. 비록 그 누구도 중요한 이름으로 기억되진 못했지만 말입니다.

최근 3·1운동에 참여했던 다양한 계층의 역사가 연구되고 있습니다. 그중 대표적인 계층이 '기생'입니다. 1919년 3월 19일 진주에서는 '기생독립단'이라고 하는 기생조합 소속 기녀들이 만세 시위를 벌였고, 3월 29일에는 수원의 기생 김향화를 선두로 수원 권번 기생 30여 명이 수원경찰서 앞에서 대한 독립 만세를 불렀다고 하는 역사적 사실이 속속 드러나고 있습니다.

한편, 일제강점기 최대 규모의 파업이자 항일 운동이었던 1929년 원산 총파업도 역사가들에 의해 새롭게 주목받고 있습니다. 총파업은 영국인이 경영하던 석유회사에서 일본인 현장 감독관이 우리 노동자를 구타한 사건으로 시작되었습니다. 구타에 대한 항의로 노동자들이 파업을 시작하자 회사 측은 오히려 노동자들을 탄압하고, 일제 경찰은 노동자들을 구속했습니다. 이에 노동자와 시민들이 단결해 무려 4개월 동안이나 일제와 일본인 자본가들에 맞서는 원산 총파업이 일어났습니다. 원산 총파업은 이제 교과서에도 등장합니다. 아주 일부분이긴 하지만 일제강점기 노동자들의 모습도 살펴볼 수 있게 된 것이죠.

역사에서 어떤 것이 중요한지를 판단하는 것은 보는 사람에 따라 달라집니다. 절대 다수를 차지했던 피지배층의 삶이 역사를 움직인 보이지 않는 힘이라고 느꼈다면 얼마든지 그들의 역사를 복원해 볼 수 있는 것이죠.

사실 왕과 귀족 등 지배층의 역사만으로는 역사의 한쪽

면밖에 채우지 못하는 꼴이었습니다. 그러니 많은 수의 피지배층의 역사가 역사가들의 눈에 들어오게 된 것은 어쩌면 당연한 일인지도 모릅니다. 또한 오늘날이 다양한 구성원들이 제각각의 목소리와 움직임으로 운영된다는 점도 피지배층의 역사가 주목받게 된 점과 무관하지 않습니다. 개개인이 중요하게 된 현재의 민주주의 사회의 입장에서 과거를 돌아보게 되는 것이지요.

피지배층의 삶과 생활이 어떠했는지를 탐구하는 역사적인 흐름은 비단 정치사뿐만 아니라 사회사나 문화사의 영역으로 확대되고 있습니다. 다양한 시각을 통해 역사는 더욱 풍부해지고 있습니다.

베일에 가려진 여성의 역사

여성이 대통령이 되는 시대임에도 역사 교과서 속에서 여성의 이름을 찾기는 정말 힘듭니다. 교육 과정에서 역사를 처음 접하는 초등학교 5학년 1학기 사회(역사) 교과서에도 매우 극소수의 여성만이 등장합니다. 그 여성들은 곰에서 여인이 된 환웅의 아내, 주몽의 어머니 유화 등입니다. 하지만 이들도 이름만 살짝 나오는 수준이지요. 5학년 1학기 사회과 탐구 교과서에 한 인물이 좀 더 구체적으로 설명되기는 합니다. 그런데 흔히 잘 알려진 조선의 신사임당도 아니고 3·1운동을 이끌던 유관순도 아니죠. 그 인물은 바로 세조의 부인이었던 정희왕후입니다. 교과서에는 정희왕후가 세조에게 여러 도움을 주었으며 세조의 손자인 성종이 왕위에 올랐을 때에도 도움을 주었다는 내용이 나옵니다. 아쉽게도 초등학생이 처음 접하는 역사 교과서에 구체적으로 서술된 여성은 그녀가 전부입니다. 여성이 왕에서부터 가장 하층의 노예까지 모든 계층에 존재했음에도 불구하고 말이지요.

올림픽을 보면 100kg을 번쩍 드는 여자 역도 선수부터 날렵하게 발차기를 하는 태권도 선수까지 육체적인 한계를 극복하고 남자 선수 못지않은 기량을 선보이는 여성들의 모습을 발견할 수 있습니다. 한국 최초 우주인이 여성인 것처럼 과학 분야에서도 여성의 활동은 대단하지요.

이처럼 어떤 분야이든 여성의 능력은 남성과 대등합니다. 더 이상 여성은 다산의 상징도, 미의 여신도 아니며, 보호만 받아야 할 존재도, 마녀와 같은 존재도 아니지요. 정치, 경제, 사회, 문화 등 다양한 방면에서 여성의 역할이 중요해졌습니다.

그런데 우리 역사 교과서에서는 여성들의 활약상을 찾아보기 힘듭니다. 과거 권력을 남성이 쥐고 있었기 때문에 여성들의 역사가 오늘날까지도 서술되지 못한 것이지요. 정확하게 언제부터 남성이 권력을 쥐게 되었는지는 확실하지 않습니다. 농경이 시작되면서부터라는 주장도 있고 청동기 사회에 사유 재산이 생기고, 지배와 피지배의 계급이 등장하면서부터라는 주장도 있지요.

사실 우리나라나 서양에서 예외적으로 등장하는 여왕도 그들이 왕족이기 때문에 가능했지 여성으로서 권력 쟁탈전에 승리해 왕이 된 것은 아닙니다. 여성이 남성과 동등한 권력을 갖기 시작한 것은 끈질기게 이어진 여성 운동의 결과라고 할 수 있지요.

역사에 여성이 많이 등장하지 못했던 이유에는 대부분의 역사가가 남성이라는 점도 있습니다. 우리나라의 역사가 중에 먼저 떠오르는 김부식이나 일연이 남자인 것처럼 말입니다. 기록을 남긴 이들이 남성이다 보니 그들 눈에 여성은 피지배층처럼 하찮은 존재로 보였던 것입니다. 조선 시대 일부 역사가들은 역사 속에 우리의 여왕을 마지못해 기록으로 남기면서 한 단계 낮추어 '여주(女主)'라는 표현을 사용하기도 했습니다.

중간 중간
너무 빠져있단
말이지…
흠흠, 어딜
하찮은 여자들의
기록을 역사에
담는다는 말인가?
흥! 우리의
역사를 복원해야
완성될 거다!

이제는 여성의 이야기가 역사의 일부로 자리해야 합니다. 남성적인 시각에 의해 빼먹은 여성의 역사를 복원해 낸다면 역사는 더욱 풍부해질 수 있습니다. 그저 여성의 역사에 대해 기록하고 알아가는 것뿐만 아니라 여성적인 시각에서 역사를 바라봄으로써 역사가 풍성해지는 것이지요. 역사가 남성 중심으로 이루어져 왔다는 고정관념을 깨뜨릴 만한 부분도 있을 것입니다.

예를 들어 최근 근대 시민 사회를 열었다는 평가를 받는 프랑스 혁명에 참여한 여성들에 대한 재평가가 이뤄지고 있습니다. 올랭프 드 구즈*와 같은 여성은 양성 평등을 주장하며 여성도 정치에 참여할 수 있도록 권리를 요구했고, '뜨개질 하는 여자들'이라는 이름으로 알려진 서민층 여성들은 그 이름처럼 진짜로 뜨개질감을 들고 혁명을 지지하는 집회장에 참여하기도 했습니다.

***올랭프 드 구즈(Olympe de Gouges, 1748~1793)** 18세기 프랑스의 여성 시민 운동가로, 프랑스혁명 당시 여성인권선언을 선포하고 일반 민중 여성들의 정치 클럽을 만들어 활동했다.

성리학 전통이 자리하고 있는 조선 시대도 처음부터 가부장적인 사회였던 것은 아닙니다. 조선 시대라고 해도 지방에서는 중기까지 모계 사회의 특징이 유지되고 있었지요. 율곡 이이도 어머니 신사임당의 고향 강릉에서 태어나

아홉 살까지 외가에서 자랐습니다. 그것이 유별난 경우도 아니었고요.

조선 시대에는 여자가 결혼을 하면 곧바로 남편의 집으로 가서 사는 것이 당연했을 것이라 여길지 모르지만 그런 풍습이 생긴 것은 고작 300년 정도입니다. 그 전까지는 처가살이도 매우 흔한 일이었지요. 조선 시대를 고려와 비교해 보면 고려에서는 여성의 권리가 조선 시대보다 더욱 높았고, 자유로웠다는 것을 알 수 있습니다.

호주제*가 법적으로 사라진 오늘날 가부장제가 매우 오래된 전통이고, 우리 민족의 특성이라 여기는 것은 남성 중심적인 잘못된 발상입니다. 그동안 주목받지 못했던 여성에 대한 다양한 역사를 복원한다면 보다 균형 잡힌 역사적 시각을 갖출 수 있을 것입니다.

* **호주제** 호주를 중심으로 가족구성원들의 출생, 혼인, 사망 등의 신분변동을 기록하는 호적 제도이다. 호주가 아버지에서 아들로 이어지는 특징상 여성의 권리를 보장하지 못한다는 비판을 받았고, 2005년 폐지되었다.

보통 사람들이 만드는 우리의 역사

동양과 서양 할 것 없이 영원할 것 같았던 왕의 권력과 왕조는 언젠가는 결국 무너지고 맙니다. 알렉산드로스*나 카이사르,* 심지어 히틀러가 차지한 영토보다도 훨씬 더 광활한 영토를 장악했던 칭기즈칸*의 몽골 제국도 결국 역사 속에 사라졌지요. 흥미로운 사실은 그 어마어마한 제국이 무너지고 왕이 권력을 빼앗기는 데에는 이름도 들어 보지 못한, 별 볼일 없을 것 같은 평범한 사람들이 큰 역할을 했다는 점입니다.

진시황제가 세운 중국 최초의 통일 왕조 진(秦)은 진승과 오광이라는 평범한 농민들이 일으킨 난으로 멸망했습니다. 당시에는 이들의 행동을 세상을 어지럽히고 국가를 거역하는 '난(亂)'이라 불렀습니다. 하지만 오늘날에는 더 나은 세상을 위한 행동이었다는 의미를 담아 '농민 봉기'라고 평가하기도 합니다.

중국의 역사에서 왕조의 교체는 이러한 형태를 비슷하게 겪어 왔습니다. 한편에서는 '난'이라 불리고, 다른 한편에서는 '민중 봉기'라 불리는 평범한 이들이 새로운 질서를 요구하는 행동으로 왕조가 교체되어 온 것이죠.

*** 알렉산드로스(Alexander, 기원전456~기원전323)** 기원전 4세기 마케도니아 왕으로 고대 그리스는 물론, 페르시아와 인도까지 영역을 확대한 왕이다.

*** 카이사르(Caesar, 기원전100~기원전44)** 기원전 1세기 로마의 정치인이다. 당시 체제인 공화정을 무너뜨리고 황제 체제로 가는 토대를 닦은 정치가이다.

*** 칭기즈칸(1162?~1227)** 12~13세기 몽골 제국의 왕으로 중국은 물론, 유럽과 이슬람권까지 세력을 확대해 동서를 연결하는 대제국을 건설했다.

서양에는 14세기 말 영국에서 일어난 '와트 타일러의 난'이라는 대표적 민중 봉기가 있습니다. 결국에는 진압되었지만 무거운 세금 부담에 반대하는 농민 봉기의 결과로 인두세*가 폐지되었고, 농노 해방이 진행되었다는 긍정적 평가를 받고 있습니다.

*인두세 세금을 낼 수 있는 능력의 차이를 고려하지 않고 개인에게 일률적으로 매기는 세금이다.

동아시아의 근대사에서도 비슷한 사건이 벌어집니다. 청 왕조 말기의 근대적 민족 운동이라는 평을 듣는 '태평천국 운동'이나 우리나라의 '동학농민운동'이 대표적입니다.

태평천국운동은 1851년에 기독교적 교리를 바탕으로 홍수전 등이 중심이 되어 청나라에 대항해 일어난 봉기입니다. 당시 청나라는 외적으로는 서양 제국주의의 침략이 계속되었으며, 내적으로는 지배층의 수탈과 착취로 평범하고 힘없는 계층만 이중고를 겪고 있었습니다. 이에 홍수전을 비롯한 하층민들은 기독교적인 교리와 내용을 받아들여 세력을 확장시켜 나갑니다. 인간은 누구나 평등하며 세상의

홍수전(洪秀全, 1814~1864)

주인이 될 수 있다는 태평천국운동의 핵심 주장은 곧 중국의 농민, 광부, 실업자, 여성 등 다양한 사람들이 이 운동에 참여할 수 있는 길을 터놓았습니다. 태평천국운동은 무능한 청 대신 새로운 왕조를 건립하고, 서양의 제국주의 침략에 맞서자는 주장을 하는 근대적인 운동이었습니다.

한편, 1894년 고부 군수 조병갑의 학정을 견디지 못해 전봉준을 중심으로 일어난 동학농민군 역시 단순한 농민 반란을 넘어 새로운 사회를 건설하기 위한 운동으로 발전했습니다. 그들이 이뤄 내고자 한 사회 개혁의 내용에는 신분제의 철폐와 토지의 균등 분배를 중심으로 한 정치, 경제적으로 평등한 근대 국가 건설이 담겨 있었습니다. 자유롭고 평등하며 공동체를 위해 헌신하는 근대적인 시민의 선구적인 모습을 이들에게서 찾아볼 수 있는 것입니다.

태평천국운동과 동학농민운동으로 못 배우고 멸시받았던 이들이 세상을 바꾸며 새로운 사회의 주인으로 등장하는 모습을 확인할 수 있습니다.

역사를 보면 세상을 호령하며 움직이는 것은 소수의 지배자나 영웅, 또는 엘리트처럼 보입니다. 19세기 사상가인 토머스 칼라일은 '인간의 역사란 영웅의 역사'라고 단정 짓기도 했지요. 그러나 앞서 언급한 사례를 보면 이름을 알

우리 서민들이 이 나라를 바꿔야 합니다!
어머어머 쟤들 좀 봐! 무엄하게 평민주제에 역사에 개입한다!

수 없는 다수의 평범한 사람들도 충분히 역사의 주인공이 될 수 있다는 것을 알 수 있습니다.

현대로 올수록 평범한 사람들이 역사에 등장해 세상을 바꾸는 일은 더욱 많아집니다. 세계의 인권을 위해, 그리고 더불어 사는 지구를 보호하기 위해 평범한 사람들이 자발적으로 나서고 있습니다. 우리 사회의 다양한 곳에서 NGO의 활약을 볼 수 있어요. 어쩌면 여러분 중에도 시민단체 회원이거나 시민 활동하는 경우도 있을 테지요.

국제 인권 시민단체인 '국제 앰네스티'와 환경 보호 단체인 '그린피스'는 대표적인 NGO입니다.

국제 앰네스티는 어떤 신문 기사를 본 영국 변호사 피터 베넨슨에게서 시작되었습니다. 그 신문에는 단지 자유를 위한다는 말을 건네며 건배를 주고받은 대학생들이 감금당했다는 기사가 실려 있었습니다. 단지 자유를 위한다는 말을 했다는 이유로 감금을 하다니요! 피터 베넨슨은 이런 조치에 분노가 담긴 칼럼을 발표했습니다. 이 칼럼을 본 자원자들이 모였고, 이들은 모든 사람이 차별받지 않고 인간다운 권리를 누릴 수 있는 세상을 만들기 위해 행동하고 있습니다. 이것이 바로 1977년 노벨평화상을 받은 국제 인권 단체 앰네스티입니다.

그린피스는 1970년대 프랑스의 핵실험을 저지하기 위한 운동으로 시작되었습니다. 여기에 평범한 대학생, 언론인들이 뜻을 함께 하면서 결성된 국제 환경보호 단체입니다.

이와 같은 경우들을 보면 역사를 만드는 것, 그리고 세상을 바꾸는 것은 정말 어마어마한 힘을 가지고 있거나 영웅만이 할 수 있는 일은 아니라는 것을 알 수 있어요. 보통 사람들, 정말 평범한 사람들도 자신 앞에 나타난 잘못된 일을 바로 잡으려고 노력하는 순간 그것이 곧 역사의 물줄기를 열게 되는 시작이라는 것을 알았으면 좋겠습니다. 평범한 사람들의 역사, 그것이 곧 우리 역사 교과서의 내용이 되는 것입니다.

안용복과 이학찬

평범한 사람들이 역사의 주인공이 되는 건 사실 그리 놀라운 일이 아닙니다. 왕은 신처럼 모든 일에 전지전능하지 않으니 당연히 여러 사람들의 도움을 받았겠지요. 또한 국가에서 하지 못하는 일을 평범한 사람들이 해낼 때도 있습니다.

조선 시대 혈혈단신으로 일본에 건너가 울릉도와 독도가 우리 땅임을 확인하고 돌아온 안용복이나 일제강점기 백정에 대한 차별을 없애기 위해 '조선 형평사'를 만든 이학찬 등이 바로 그런 역사 속 인물입니다.

안용복은 조선 후기인 17세기에 울릉도와 독도 근해에서 고기잡이를 하다 일본 어부들에게 잡혀 일본에 끌려갔습니다. 안용복은 그를 심문하던 일본 태수에게 울릉도와 독도는 엄연한 조선의 땅이며 따라서 이곳에서 고기잡이를 하던 자신을 일본으로 잡아온 것은 부당하다고 조목조목 논리적으로 말했습니다. 그 논리에 말문이 막힌 일본의 태수는 안용복의 주장을 그대로 문서에 적어 중앙 정부인 에도 막부에 올리고 처분을 기다렸습니다. 결국 에도 막부는 울릉도와 그 부속 도서인 독도가 자신들의 영토가 아니라는 내용의 공식 외교 문서를 써 주었습니다. 일본에 끌려가서도 할 말을 한 안용복의 승리라고 할 수 있지요.

한편, 경남 진주의 백정 출신 이학찬은 1923년 '조선 형평사'라는 조직을 만듭니다. 백정의 차별을 없애고 평등 사회를 만들자는 것이 이들의 주장이었습니다. 백정은 조선 시대 도살업·육류판매업 등을 주로 하며 생활하던 천민층을 가리킵니다. 1894년 갑오개혁 이후 법적으로 신분을 차별할 수는 없었지만 생활 속에서는 여전히 백정에 대한 차별이 매우 심하게 남아 있었습니다. 일제강점기에도 '짐승 잡는 자'라는 뜻의 '도한(屠漢)'으로 기재되거나 이름 앞에 붉은 점을 찍어 기록하는 등 차별을 당했지요.

이학찬은 자신의 자식을 학교에 입학시키려 했을 때 다른 학부형들과 학교 측의 반대로 입학시킬 수 없게 되자 이에 격분해 사회운동가들과 함께 백정에 대한 차별을 없애고 평등 사회를 지향하는 '조선 형평사'를 만들었습니다. 또한 일본에서 천민들이 만든 '수평사'라는 조직과 국가를 초월해 힘을 모아 인권 개선에 앞장서기도 했습니다. 이런 노력 끝에 1930년대 초 관청의 호적이나 학적부에 기록되었던 백정 신분 표시가 공식적으로 사라지고 백정 자녀의 학교 입학도 허용되었습니다.

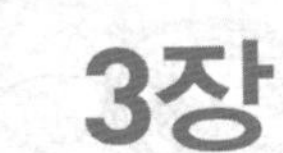

3장
역사를 한눈에 이해하는 방법이 있을까요?

시대구분이 왜 필요한가요?

시간은 마치 강물처럼 계속해서, 연속적으로 흐르고 있습니다. 다만 인간이 시간을 구분하기 위해 크게는 과거-현재-미래로, 작게는 1분 1초로 나누는 것이지요. 이것은 단순히 편의상 구분일 뿐입니다.

역사도 마찬가지예요. 과거를 살피는 것이 역사라지만 1초만 지나면 현재가 아닌 과거가 됩니다. 그러니 시간의 흐름처럼 끊임없이 이어진 역사를 한눈에 이해하기란 그리 쉬운 일은 아닙니다. 그래도 많은 역사가들의 시도로 우리는 역사를 한눈에 이해하는 몇 가지 방법을 찾아냈습니다.

역사를 한눈에 보는 가장 대표적인 방법은 역사시대 이전인 선사시대와 역사시대로 나누는 것입니다.

선사시대는 수백만 년 전 인류가 지구에 등장한 이후부터 문자로 기록을 하기 시작한 역사시대 이전의 고고학적 시간을 말합니다. 역사 교과서에 나오는 구석기 시대, 신석기 시대가 바로 이 시기이지요. 대개 인류는 청동기 시대부터 문자를 발명하고 문명을 만든 것으로 봅니다. 물론 이전에도 문자와 비슷한 여러 도형이나 기호를 바위에 그린 것 등이 있지만 이것을 문자라고 하기는 어려워요. 따라서 자연스럽게 역사시대는 청동기 시대부터라고 할 수 있지요.

흥미로운 사실은 이 선사시대가 인류가 탄생한 이후 오늘날까지를 아우르는 시간의 90% 이상을 차지한다는 것입니다. 현대는 눈부신 과학의 발전으로 빠르게 변화하고 있지만 좀 더 큰 시각으로 보면 인류의 90% 이상은 자연과 싸우며 오직 생존만을 위해 살았습니다.

두 번째로 역사를 구분하는 방법은 전통과 근대로 나누는 것입니다. 쉽게 말하자면 전통의 왕조 시대와 근대의 시민 사회로 역사를 구분하는 것이지요. 서양, 특히 유럽에서는 프랑스 혁명으로 왕정이 무너지고 자유, 평등, 인간의 존엄성과 같은 근대의 가치가 성립되었다고 판단합니다. 즉 프랑스 혁명 이후를 근대로 보는 것이죠. 루이 16세가 단두대에서 처형된 것, 그것이 전통 왕조의 붕괴를 상징적으로 보여 주는 사건입니다.

근대의 또 다른 특징은 산업 사회의 등장이라고 할 수

있습니다. 증기기관이 발명되고, 대량생산이 가능한 공장이 세워진 시대 즉, 기계와 기술, 과학의 발전도 근대의 특징이라고 할 수 있어요.

한편 우리나라를 포함한 동아시아의 경우에는 근대의 의미가 서양과는 조금 다릅니다. 스스로 근대를 이루었다기보다 제국주의적 침략이라 할 수 있는 서구의 일방적인 개항 요구나 통상 요구에 의해 이루어졌기 때문입니다. 청과 영국의 아편전쟁, 미국의 일본 개항, 프랑스의 베트남 침략, 그리고 서구 열강은 아니지만 일본에 의해 불평등한 조약을 맺고 개항하게 된 조선이 있습니다.

하지만 이런 서구 열강의 침략이 없었더라도 중국, 한국, 일본, 베트남 등 동아시아 내부에서 이미 기술 발전과 상업의 발전, 자본의 형성 그리고 근대적 시민 의식이 싹트고 있었습니다. 오히려 제국주의의 침략이 아니었다면 각 나라의 모습에 알맞은 근대적인 역사 발전이 이루어질 수 있었을 것입니다.

한편에서는 전통과 근대라는 역사적 구분에 반대하는 의견도 있습니다. 전통 왕조가 무너지고 근대 시민 사회가 시작된 것이 아니라 한 나라가 멸망하고 다른 나라가 그 자리를 차지했다고 보는 것이지요. 새로운 왕조 혹은 국가가 그 자리를 차지하지만 결국 역사는 계절이 변화하는 것처럼 일정한 규칙을 가지고 순환한다는 의견입니다.

문제는 이런 방식으로 역사를 이해하면 역사는 앞으로 나아가지 못하고 제자리에서 돌고 도는 것이라는 설명이 된다는 점입니다. 그런데 신라 시대와 오늘날이 그저 국가 이름만 바뀌었다고 할 수 있을까요? 그렇지 않지요.

물론 이와 반대되는 의견도 있습니다. 과거에서 현대로 오며 역사가 꾸준히 발전했다고 보는 시각이지요. 이렇게 역사를 보는 것을 '일직선적 역사의식'이라고 합니다. 역사가 꾸준히 발전한다고 보는 것이지요. 그런데 이 설명도 딱 맞아떨어진다고 할 수 없습니다. 오늘날이 과거보다 더 낫다고 명확하게 대답할 수 있을까요? 그렇지 않지요. 문명이 발달했다는 20세기에 인류는 두 차례의 세계대전으로 많은 인류의 희생을 치렀으니까요. 더 살기 좋아진 시대에 더 많은 사람이 희생된다는 것은 맞지 않는 설명입니다.

이렇듯 역사를 한눈에 이해하는 것은 역사가 어떤 방식으로 흘러가는가 하는 점과도 밀접해 있는 어려운 문제입니다. 다양한 고민의 결과로 등장한 가장 보편적인 방법은 역사를 시대로 구분하는 것입니다. 우선 역사를 시대별로 구분해 두고 각 시대를 자세하게 들여다보는 방법이죠.

역사는 돌고
돈다!
무슨 소리!
인류의 역사는
진화하고 있다!
과거
미래

우리 인류는 아주 오래전부터 이어져 왔고, 지금 이 시간에도 계속되고 있으며 앞으로도 이어질 것이기 때문에 쉽게 파악할 성질의 것은 아닙니다. 다만 세계의 다양한 지역과 문명, 국가와 민족 그리고 다양한 사회 집단이 아주 먼 옛날에서부터 일궈 낸 사건과 활동 등을 한눈에 파악하기 위한 도구가 필요한 것이지요. 그것이 바로 시대구분인 것입니다.

시대구분 방법에 정답이 있나요?

그렇다면 시대는 어떻게 구분할까요? 시대구분의 방법은 매우 다양합니다. 서양에서는 기본적으로 고대-중세-근대로 시대를 구분합니다. 여기에 원시시대나 근세, 현대의 시대가 추가되기도 하지요(원시시대-고대-중세-근세-근대-현대). 동양에서는 전통적으로 왕조의 흥망성쇠를 기본으로 시대를 구분했습니다. 중국에서는 당-송-명-청으로 이어지는 왕조를 기준으로, 우리나라는 삼국-고려-조선 등의 왕조를 기준으로 시대를 구분하는 방법이 바로 그것이죠.

하지만 이렇게 시대구분을 한다고 해도 어디까지를 고대

로 볼 것이냐 혹은 어디부터를 현대로 볼 것이냐를 놓고 역사가들마다 다양한 의견을 내놓기도 하고 논쟁을 벌이기도 합니다.

다만 분명한 것은 시대를 구분하는 기준은 절대적인 것이 아니라는 점입니다. 시대구분이란 그저 역사를 이해하기 쉽게 하는 하나의 도구일 뿐이지요.

시대구분은 역사를 체계적으로 파악할 수 있도록 도움을 줍니다. 매우 복잡하게 얽혀 있는 역사를 특정한 기준으로 나눔으로써 각 시대의 특색을 정리할 수 있게 되는 것입니다. 그러면 이전 시대와 그 다음 시대를 비교하면서 무엇이 변화했는지를 이해할 수 있습니다. 시대구분을 통해 인류가 지금까지 발전한 과정을 간명하게 파악하고, 미래에는 어떤 시대가 올 것인지, 어떤 시대를 꾸려가야 할지를 고민하고 계획할 수 있는 것입니다.

가장 대표적인 시대구분 방법은 시대를 고대-중세-근대로 나누는 것입니다. 이것은 유럽의 역사 발전 과정을 중심으로 역사가들이 구분한 기준이지만 보편적으로 역사가 발전해 온 과정을 나누는 기준으로 여겨지기도 합니다. 우리 교과서에는 고대와 중세라는 표현이 등장하지 않지만 강화도 조약을 '근대'적인 조약으로, 갑신정변과 갑오개혁을 '근대'적인 개혁이라고 표현하는 부분이 있습니다.

역사를 고대-중세-근대로 구분한 것은 르네상스 시기부터라고 알려져 있습니다. '르네상스'는 학문이나 예술의 재탄생 혹은 부활이라는 의미를 가진 단어입니다. 이 시대에 고대 그리스·로마 문화가 부활했다는 의미이지요.

르네상스 이전 중세 시대는 모든 사회의 기준이 '신'이었습니다. 교회를 중심으로 사회가 움직이고 종교가 어떤 것보다 중요한 사회였지요. 그런데 이탈리아를 중심으로 무역과 상업이 발전하고, 각 지역의 봉건 영주들이 힘을 가지게 되면서 교황과 왕에 도전하기 시작했습니다. 자신의 힘을 바탕으로 다양한 문화와 예술을 후원하는 귀족과 상인들도 등장하게 되었죠. 이러한 시대적 배경에서 신 중심으로 세상을 바라보는 것이 아니라 고대 그리스나 로마 시대처럼 인간을 중심으로 세상을 바라보며 자연을 탐구하고 이성을 중시하는 생각들이 등장했습니다. 바로 이 시대를 르네상스 시대라고 부릅니다. 레오나르도 다빈치와 같은 인간을 탐구하는 천재 예술가가 나타난 것도 바로 이때입니다.

르네상스인들은 이전과는 다른 자신들의 새로운 시대를 설명하기 위해 고대-중세-근대라는 시대구분법을 도입했습니다. 중세를 '암흑시대'라고 표현하는 반면, 자신들이 살

흥! 무슨 기준으로 이때부터 근대안건데!?
근대
중세 (암흑시대)
고대
우리 르네상스 시대부터 근대라고 할 수 있지!
글쎄… 인간적인 시대의 시작이랄까?

고 있던 시대를 찬미하는 의미에서 근대라고 표현한 것이지요.

고대-중세-근대의 시대구분은 단순히 시기로 나눈 것뿐만 아니라 역사의 발전을 파악하는 기준이 되기도 합니다. 우리 역사에서도 '근대적인 개혁'이라는 표현을 쓸 때에는 신분 해방과 자유, 평등의 가치가 사회·경제적으로 제도화되는 것을 의미합니다. 따라서 이 구분법은 세계사의 보편적인 역사 발전 법칙으로 이해할 수 있습니다. 역사의 발전에서 중요한 것은 인간의 존엄성과 자유와 평등이라는 가치가 정치, 경제, 사회 등의 분야에서 얼마나 지켜졌는가 하는 점입니다.

고대, 중세, 근대는 어떻게 다른가요?

고대와 중세, 근대의 특성을 구체적으로 살펴볼까요?

고대는 노예에 의해 생산 활동이 이루어진 신분제 사회였습니다. 노예는 '말하는 재산'으로 여겨지며 인간으로 대접을 받지 못했지요. 고대 사회에서 경제적 기반이 되는 토지는 왕과 귀족 등 극히 소수의 지배층에게 모두 속해 있었습니다. 서양에서는 로마와 그리스 시대가 대표적인 고대 시기이고, 우리나라에서는 삼국을 거쳐 통일신라 말기까지를 고대로 파악하는 경우가 많습니다.

고대는 능력보다는 혈연이 중요한 강력한 신분사회였습니다. 개인이 아무리 뛰어난 능력이 있어도 좋은 집안에서 태어나지 못하면 그 능력을 발휘하지 못했던 시대였죠. 대표적인 예가 신라의 골품제도*입니다. 재산 역시 높은 신분에게 집중되어 있었습니다. 대토지는 지배층만 소유할 수 있었지요. 뿐만 아니라 인간의 존엄성도 지켜지지 않았습니다. 왕이나 귀족 등이 죽으면 그들의 식솔을 함께 묻는 순장 풍습이 있었기 때문입니다.

*골품제도 신라 때 혈통에 따라 신분을 나눈 제도이다. 왕족은 성골과 진골, 귀족은 육두품, 오두품, 사두품으로 평민은 삼두품, 이두품, 일두품으로 나누었다.

유럽의 중세는 '봉건제'라는 단어로 설명할 수 있습니다. 이 시기에는 생산을 담당하는 계층이 변화했습니다. 고대에는 노예가 생산을 담당했다면 중세의 생산은 노예보다는 조금 자유로워진 '농노'에 의해 이루어집니다. 농노는 재산을 가질 수 있고, 결혼도 할 수 있었지만 자신의 영주의 허락 없이는 이동조차 할 수 없는 강력한 지배를 당했습니다. 신분과 활동이 자유로운 농민도 아니고 완전히 주인에게 소유된 노예도 아닌, 그 중간쯤의 계층이라고 보면 됩니다.

한편, 영주들은 자신들이 다스릴 수 있는 영토인 장원을 소유했고, 왕과의 계약을 통해 자치권을 인정받았습니다. 왕에게 간섭받지 않고 자신의 영토를 다스릴 수 있었기 때문에 심지어 왕보다 더 막강한 권력을 자랑하는 영주도 있었지요. 또한 이 시기에는 기독교 세력이 강력한 권력을 지녔습니다. 기독교 세력의 중심은 교황이지요. 그래서 중세에는 교황이 막강한 권력을 가졌고, 정치에 관여하기도 했습니다.

우리나라의 중세는 고려로 보기도 하고, 때로는 조선 시대까지로 보는 시각도 있습니다. 또는 조선 시대는 중세와 근대의 모습을 조금씩은 갖추고 있었기 때문에 '근세'라는 표현을 쓰는 역사가도 있습니다. 시대구분은 역사가들마다 서로 다르고 개개인의 논리와 관점에 따라 달라지는 경우가 있다는 것을 알아 두었으면 합니다.

역사가들은 우리나라의 고려나 조선 시대가 근대 사회와는 다른 어떤 특징이 있으며, 어떻게 발전해 가고 있는지 여러 방면으로 살폈습니다. 특히 신분제도에 주목했죠. 그 결과 고려나 조선 시대에도 여전히 사람을 신분에 따라 차별했지만 점차 능력을 중요하게 여기는 사회로 변화하고 있었다는 점을 알게 되었습니다.

대표적인 제도가 '과거'입니다. 과거제는 고려 광종 때부터 실시되었습니다. 이때부터 혈연만을 바탕으로 하던 신분 사회가 변화하기 시작한 것이죠. 고려는 법적으로 양민* 이상이면 누구나 과거에 응시할 수 있었습니다. 하지만 여전히 '문벌 가문'을 중요하게 여겼습니다. 5품 이상 고위 관료의 자녀에게는 국가에서 내린 땅을 물려줄 수 있었고, 벼슬에도 자동으로 올라갈 수 있었지요. 공음전과 음서제가 바로 그것입니다. 고려는 완벽하게 능력을 인정해 주는 사회도 아니면서 그렇다고 기득권을 가진 귀족들이 폐쇄적으로 운영하는 사회도 아니었지요. 그래서 '중세 고려'라는 표현을 쓰는 경우가 있습니다. 서양과 시기적으로나 제도적으로 비교할 수 있는 부분이 있어서 쓰는 표현이지요.

*양민 귀족과 천민의 중간 신분이다.

조선은 고려보다 한 걸음 더 개인의 능력을 발휘할 수 있는 시대였습니다. 양인, 즉 보통 사람 이상이면 충분히 과거 시험에 응시할 수 있게 됩니다. 고려도 법적으로는 양인 이상이면 과거에 응시할 수 있었지만 실제로는 쉽지 않았어요. 귀족의 특권이 매우 높았기 때문이었는데 조선은 그보다는 훨씬 개인의 능력이 중요하게 된 사회였습니다. 여전히 신분제는 존재하고, 노비도 있었지만 신분 간의 이동이 고려보다는 쉬웠습니다.

왕과 신하들 사이의 권력도 한쪽이 너무 막강한 힘을 가질 수 없도록 막는 제도가 있었습니다. 삼사라고 하는 사간원, 사헌부, 홍문관의 신하가 왕의 권력을 견제하는 기능을 담당했습니다. 마치 오늘날 우리나라가 정부와 국회, 법원이 권력을 나눈 삼권분립 제도로 운영되는 것처럼 조선은 정부 내에 권력을 나눌 수 있는 기구를 마련한 것이지요.

사간원은 왕에게 직언을 하는 기구였습니다. 제도로 마련되어 있었어도 왕이 듣기에 거북한 소리도 있었을 거예요. 실제로 왕의 심기를 건드려 쫓겨나거나 목숨이 위태로운 경우도 있었어요. 그럼에도 불구하고 사간원은 왕과 나라를 위해 올바른 소리를 하는 역할을 했습니다. 사헌부는 고위 관료라고 할지라도 부정부패를 하거나 비리가 있다면 이를 밝히고 쫓아내는 일을 맡았습니다. 홍문관은 언론과 학술 연구 활동을 뒷받침하면서 당시 여론을 모아 왕에게 전달했지요.

그렇다면 근대의 특징은 무엇일까요?

서양의 근대는 인간 중심적인 문화의 부활을 알리는 르네상스에서 시작되었습니다. 이러한 정신이 자유와 평등의

고대
빨리 빨리 움직여!!
으윽~
인간의 존엄성? 그게 뭔가요?
중세
엄연히 정해진 신분이 있는 법!
황제
왕
영
기사
농노
노예보다이 낫지만 자유롭지 못하다.
근대
신분제 따위!
좀더 인간적인 삶을 위해!!
자본가
♪~
후후
$
여전
힘들

가치가 실현된 프랑스 혁명으로 완성되었지요. 근대의 가장 중요한 점은 신분제가 사라졌다는 점입니다.

우리나라의 경우는 이미 조선 후기에 실학이라는 학문 분야에서 양반 중심의 신분제를 비판하는 근대적인 목소리가 등장했습니다. 이 시기 경제적으로도 상품경제 발달이라는 근대적 체제가 등장하기 시작합니다. 상품경제의 발달은 신분제가 흔들리게 되는 원인이 되기도 했습니다.

이렇게 조선의 사회는 조금씩 변화하고 있었고, 동학농민운동으로 근대의 모습을 본격적으로 드러내기 시작했습니다. 변화에 대한 요구가 정식으로 받아들여진, 즉 형식적으로 근대화가 이뤄진 것은 1894년 갑오개혁으로 봅니다. 이때 신분제가 법적으로 사라졌기 때문입니다.

고대-중세-근대라는 시대구분은 인간이 사회적으로 발전하는 모습을 파악하는 틀이라 할 수 있습니다. 물론 역사를 이 세 가지로 구분할 수는 없습니다. 그 이유는 역사가 계단처럼 딱딱 구분되는 것이 아니기 때문이죠. 그래서 중세와 근대의 중간 단계의 성격을 지닌 시대를 '근세'라고 표현하기도 하는 것입니다. 인간의 역사는 시간의 흐름 속에서 다양한 현상이 화산처럼 분출하고 섞이며 다음 단계로 넘어갑니다. 즉, 과도기가 있으며 그 과정을 거쳐야만 다음 시기로 넘어갈 수 있다는 것이지요.

한편 역사가들마다 어디까지를 고대-중세-근대의 시기로 볼 것이냐에 대해서는 논쟁이 끊이지 않습니다.

유럽사에서 나타나는 역사 발전을 전 인류의 역사로 확장해 보편적인 법칙으로 받아들일 수 있느냐 하는 문제도 있습니다. 동아시아의 역사를 근대 이전과 이후로 구분하는 것이 각 왕조의 특성을 무시한 구분이라고 한다면, 마찬가지로 서구의 고대-중세-근대의 삼분법으로 비교하기에도 무리가 있다는 것입니다.

그래서 우리 한국사 교과서에는 고대와 중세에 대한 언급이 없으며 왕조 중심으로 역사를 나열하고 개화기부터 근대 사회로 파악하는 조심스러운 모습을 보이고 있습니다. 결국 고대-중세-근대가 확실한 시대구분 방법은 아닌 것입니다.

그렇지만 역사를 고대-중세-근대의 잣대로 보는 것은 인간 발전의 과정을 이해하는 매우 뛰어난 도구이자 체계적인 틀인 것만은 인정해야 합니다. 이러한 기준을 통해 우리는 오늘날 당연하게 누리고 있는 인간으로서의 정치, 경제, 사회적 권리가 역사적으로 어떻게 형성되었는지를 좀 더 간명하게 정리해서 볼 수 있어요.

노예제가 없어지고, 농노라는 신분이 사라져 오늘날 우리가 평등하고 자유로운 인간으로 살아갈 수 있는 것은 계절의 변화처럼 자연스럽게 혹은 기계적으로 넘어온 변화가 결코 아니란 점을 잊지 말아야 합니다. 역사는 분명 인간의 의지에 의해서 발전한 것입니다.

로마의 노예 스파르타쿠스나 고려의 노비였던 만적, 동학농민운동을 이끌었던 전봉준 등 사회 문제를 직접 해결하고자 한 이름 없는 수많은 이들의 헌신적인 피와 땀으로 이루어진 역사라는 점을 알아야 합니다.

역사는 계속 이어지는 것일까요?

그렇다면 역사는 그 이전 시대와 작별을 하고 매번 새롭게 시작되는 것일까요, 아니면 계속 이어지는 것일까요?

시간이라는 것은 딱딱 끊어지는 것이 아니라 자연스럽게 과거에서 현재로 이어지니까 인간의 역사도 연속적이라고 생각하기 쉽습니다. 우리 역사를 예로 살펴봅시다. 여러분이 볼 때 신라에서 고려로, 그리고 조선으로 자연스럽게 연결되나요, 아니면 신라와 고려, 조선은 전혀 다른 사회이며

역사라는 게
계속 흐르는거 아냐?
시간처럼.
글쎄. 그걸 그렇게
단정할 수 있을까?
역사는 뭔가
이어진다기보다
반복되는 느낌이야
이러고 있는
지금도 역사는
흐르고 있겠지?

그때그때마다 새로운 역사가 시작되었나요?

우리의 눈에 역사는 고조선에서부터 오늘날까지 자연스럽게 하나로 연결되는 것처럼 보입니다. 실제 '전통'에서 역사의 연속성을 쉽게 찾을 수도 있습니다. 대표적인 것이 판소리입니다. 오늘날에도 과거 조상들의 대중 예술을 이해할 수 있는 판소리 흥부가나 심청가, 춘향가 공연을 볼 수 있지요.

또 다른 예로는 유교, 불교, 도교 등의 고대 종교를 들 수 있습니다. 지금도 과거부터 이어져 온 종교를 믿거나 사상으로 받아들이는 사람들이 존재하지요. 이런 것들을 보면 과거와 현재가 하나로 연결된 것 같습니다.

그러나 왕조의 역사를 보면 꼭 하나로 연결되는 것만은 아닙니다. 신라의 뒤를 이어 등장한 고려는 신라와는 전혀 다른 모습을 하고 있습니다. 신라가 혈통을 중시하는 폐쇄적인 골품제를 신분제의 기본으로 삼았다면, 고려는 이에 저항하던 6두품 출신과 왕건 같은 지방호족 세력이 결합해 국가를 형성했지요. 조선도 마찬가지입니다. 성리학을 받드는 신진사대부와 신흥 무인 세력이 조선을 세웠습니다.

그렇다면 한 왕조가 멸망하고 다른 왕조로 교체되는 것을 어떻게 봐야 할까요? 멸망한 신라 입장에서는 슬픈 일이지만 역사 전체로 볼 때는 내부에서 일어난 새로운 집단이 기존의 국가가 가진 문제점을 극복했기 때문에 긍정적으로 평가합니다.

이전 왕조에서 내재된 세력에 의해 새로운 왕조가 세워졌으니 역사의 연속성을 가진다고 볼 수도 있고, 전혀 다른 성질의 세력이 왕조를 세웠으니, 새로운 역사의 한 페이지가 열린다고 볼 수도 있겠지요. 정답은 없습니다.

바로 이것이 과거에 대해 내가 어떻게 바라보고 이해할 것인가 하는 '역사인식'입니다. 여러분이 어떤 '역사인식'을 가질 것인가 하는 점은 여러분이 정할 수 있습니다. 기존에 정해진 틀이나 교과서에서 이미 정해진 답을 따를 수도 있고, 역사를 나만의 눈으로 어떤 관점을 가지고 일관되게 바라볼 것인지 정할 수도 있습니다. 아니면 각각 새로운 역사로, 개별적으로 볼 것인지 정해 볼 수도 있겠지요.

이븐할둔, 토인비 그리고 마르크스

우리에게는 무척 낯선 이슬람의 한 역사가가 있습니다. 그의 이름은 이븐할둔(Ibn Khaldūn, 1332~1406)입니다. 이븐할둔은 14세기 아라비아의 뛰어난 역사가로 그가 지은 『역사서설』은 이슬람교를 총체적으로 탐구한 책입니다.

이븐할둔은 인간 사회의 흐름에도 자연법칙과 유사한 법칙이 있다고 생각했어요. 그래서 이슬람 사회를 바탕으로 사회의 발생과 성장, 몰락 과정을 체계적으로 파악했지요. 역사의 시대를 구분하고 그 과정을 하나로 정리해 볼 수 있는 토대를 마련한 것입니다. 이븐할둔은 하나의 문명은 그 사회구성원을 결속시킬 수 있는 '집단의식'을 통해 발전하지만, 이 집단의식이 깨질 때 쇠퇴하게 된다는 것을 이슬람 유목 민족의 예를 들어 설명했습니다. 부족별로 풀을 찾아 여기저기 돌아다니는 유목 민족에게 칭기즈칸 같은 뛰어난 리더가 나타나고, 민족이 하나로 단결되면 대제국을 만들 수도 있지만, 그 집단의식이 느슨해지면 곧 망하게 된다는 것이지요.

여기에 착안해 세계의 다양한 문명을 큰 흐름에서 구분하고 정리한 역사학자는 토인비(Arnold Joseph Toynbee, 1889~1975)입니다. 20세기 문명

연구로 유명한 그는『역사의 연구』에서 역사 연구의 기본 단위로 '문명'을 꼽았습니다. 그는 20여 개의 문명을 비교하고 연구하며 세계사의 구조를 파악하려고 시도했습니다. 이때 '도전과 응전'이라는 용어가 등장한 것입니다. 이븐할둔이 자신의 유목 민족의 역사를 정리해 체계화했다면, 토인비는 세계사적인 규모에서 문명사의 발생과 쇠퇴를 살펴보았습니다. 한 문명이 탄생해 성장하기까지는 그 문명이 만나는 외적 '도전'이 있고, 이에 대해 창조적 소수자들이 '응전'에 성공하면 문명은 계속 성장한다는 것이 그의 주장입니다. 반대로 이 창조적 소수자들이 도전에 제대로 응하지 못하거나 또는 나머지 사람들이 이들의 방식을 받아들이지 못할 경우에는 문명이 쇠퇴하게 되는 것이고요. 그렇지만 국가와 민족 단위의 역사 연구를 배제한 것과 모든 문명에 '도전과 응전'이라는 공식을 적용한 점에서는 비판을 받기도 합니다.

사실, 역사를 도식적으로 나누는 방식을 가장 확실하게 보여 준 역사가는 공산주의를 창시한 마르크스(Karl Heinrich Marx, 1818~1883)입니다. 그는 인류 역사가 철저하게 가진 자와 가지지 못한 자의 투쟁에서 이긴 자, 즉 지배자가 역사를 구성하고, 피지배자가 대립하는 과정에

서 역사가 지속되었다고 봅니다. 모두가 평등하게 자원을 나눠 쓰던 원시 공동 사회에서, 고대 그리스·로마와 같은 최하층 노예가 있던 사회, 중세 봉건 사회를 지나 근대 자본가와 노동자의 대립을 이루는 자본주의 사회까지 비슷한 모습으로 역사가 발전해 왔다고 보고 있습니다. 그리고 앞으로는 노동자의 투쟁이 성공해 공산 사회로 간다는 역사 발전 5단계를 주장했습니다.

마르크스의 역사 이론은 너무나 형식적이며 서구적이라는 점, 그리고 미래를 예언했다는 점에서 비판받고 있지만 어떤 점에서는 그의 역사 연구가 현실에서 의미가 있다는 평가를 듣기도 합니다.

현재 이후의 역사가 어떻게 진행될지 모르지만 이븐할둔과 토인비, 그리고 마르크스 등의 역사가들은 과거를 조금은 편하게 볼 수 있는 방법을 우리에게 알려주었습니다. 그럼에도 역사는 여러분들 스스로 자신만의 시각으로 볼 수 있어야 한다는 점을 잊지 마세요.

4장

왜 역사를 배워야 할까요?

옛날에도 역사 공부를 했나요?

조선 후기 실학자인 정약용이 마음속 스승으로 삼은 인물이 한 명 있습니다. 그는 바로 『성호사설』이라는 책을 쓴 이익입니다. 이익은 정약용보다 앞선 세대의 실학자로서 조선 후기 백성들의 삶이 나아지기를 간절히 바랐던 사람입니다. 이익은 토지를 잃는 농민이 많아지자 모든 사람들에게 생활을 꾸려갈 수 있을 정도의 적은 토지를 나눠 주고 땅을 사고파는 것을 금지해 농업이 기본 산업으로 유지될 수 있게 하자고 주장한 것으로도 유명합니다.* 천문학이나 경제 등 다방면으로 탐구했던 그는 과거 시험에 한국사 과목을 꼭 넣어야 한다고 주장했습니다.

> ***이익의 토지개혁론** 최소한의 생계를 유지하기 위한 영업전은 매매를 금지시키고 나머지 토지는 매매가 가능하도록 하자는 주장으로 '한전론'이라 한다.

그가 한국사를 과거 시험의 필수 과목으로 넣자고 한 데에는 두 가지 이유가 있습니다. 하나는 당시 지배층과 양반 사대부들 대부분이 우리 역사를 공부하지 않았기 때문입니다. 대신 중국의 역사를 공부했는데 성호 이익은 이를 사대주의라고 여겼고 비판한 것이지요. 또 다른 이유는 우리 역사를 통해 무엇이 옳은 일이고 나쁜 일인지 제대로 알아 두자는 이유였습니다. 대입 시험 과목에 한국사를 필수로 채택하면 우리 역사를 제대로 알 수 있다는 의도와 매우 비슷한 생각이지요.

언제부터 역사를 배웠는지는 명확하지는 않습니다. 다만 신라에서 두 명의 화랑이 3년간 유교 경전을 열심히 익히겠다는 것을 서로 맹세한 내용이 담긴 '임신서기석'을 통해 적어도 삼국시대에는 역사를 배웠다고 짐작할 수 있습니다. 임신서기석에 언급된 유교 경전 중에 중국의 역사책이 들어 있었기 때문이에요.

여러분은 왜 신라의 화랑이 중국의 역사를 배웠을까 궁금하겠지요. 중국의 역사를 공부한 이유는 단순히 중국을 큰 나라로 섬겼기 때문만은 아닙니다. 당시 동아시아 문화권*에서 유교는 자신과 국가를 위한 종교이자 학문이며

*동아시아 문화권** 동서로는 일본 열도에서 티베트 고원까지, 남북으로는 북부 베트남에서 몽골 고원까지의 지역 범위를 말한다. 한국, 중국, 일본, 베트남, 몽골 등의 국가들이 있으며 독자적인 전통 문화를 가지고 있으면서도 한자·불교·유교 등의 공통 문화 요소를 가지고 있기도 하다.

사상으로서 역할을 담당했는데 유교의 뿌리가 바로 중국이기 때문입니다. 따라서 삼국시대부터 중국 역사에 등장하는 훌륭한 임금, 신하의 도리 등을 배우는 전통적인 역사 교육이 존재했던 것이지요.

하지만 중국의 역사만 배우고 따랐던 것은 아닙니다. 독자적인 역사서를 편찬하기도 했지요. 고구려는 무려 100권이나 되는 『유기』라는 역사서를, 백제는 『서기』, 신라는 『국사』라는 역사서를 각각 편찬하기도 했습니다.

조선 시대 어린 아이들은 천자문을 익히면 『동몽선습』이라는 책을 통해 역사를 공부했습니다. 그런데 이 책의 앞부분에는 역사가 실려 있지 않습니다. 조선이 성리학이라는 유학에 의해 세워지고 통치된 국가라는 점을 감안한다면 당연한 일인지도 모르겠지만 책의 앞부분엔 부자유친, 군신유의, 부부유별, 장유유서, 붕우유신 등의 유교적 덕목이 나오고 그 다음에 역사가 나옵니다. 그 역사도 중국의 역사가 먼저 길게 나오고 우리의 역사가 잠깐 소개되는 정도이지요. 오늘날 중국사를 필수 과목으로 길게 가르치고 우리 역사는 잠깐 짬을 내서 훑고 지나갈 정도로 가르친다는 건 상상도 되지 않지요?

이렇게 역사를 가르치는 방법도 시대마다 다릅니다.

우리가 중국사람도 아닌데…
또 중국 역사…
ZZZ
훈장님! 우리 역사는 언제쯤 배우나요?
동몽선습
요만큼…
허허~ 이놈. 성질도 급하다. 뒷부분에 나온단다.

현재 역사 교과서의 제일 앞부분에는 구석기 시대가 나옵니다. 고고학이나 인류학의 성과가 반영된 것이지요. 오늘날 역사 교육에서 중요하게 여기는 것은 왕과 지배층의 교훈이나 유교의 덕목이 아닌 당시의 시대를 객관적으로 이해하는 것입니다. 그래서 교과서에는 정치, 경제, 사회, 문화 등의 다양한 분야의 내용이 들어가 있지요.

현재 교육 과정에서 한국사와 세계사는 '사회'라는 큰 영역 속에 하나로 자리 잡고 있습니다. 이는 광복 이후 미국식 교육제도를 받아들이며 나타난 교육 과정입니다. 하지만 역사가 '사회' 과목 영역에 속해 있는 이유는 그뿐만이 아닙니다. 역사 공부가 올바른 시민으로 이 사회를 살아가기 위해 꼭 필요한 것이라 생각하기 때문이지요.

최근에는 우리가 속한 동아시아의 역사를 제대로 이해하자는 취지에서 고등학교에서는 한국과 중국, 일본 그리고 베트남의 역사를 포함하는 '동아시아사' 과목도 배우고 있습니다. 이웃 국가의 역사를 통해 우리의 역사를 보다 객관적으로 이해하기 위해서이지요. 또한 교류의 역사를 통해 더불어 살아가는 법도 배우게 됩니다.

역사는 암기 과목 아닌가요?

조선 시대 지배층이었던 양반 사대부들에게도 역사 공부는 필수였습니다. 세종대왕이나 알렉산드로스 대왕도 역사를 배웠지요. 당연히 여러분의 부모님도 역사를 배웠을 테고, 여러분들도 역사를 배우고 있고, 앞으로도 계속 배우게 됩니다.

역사 공부는 누군가에겐 정말 재미있지만 누군가에겐 지루하기 짝이 없습니다. 역사 속 영웅들의 활약은 감동과 흥미를 일으키지만, 학교에서 배우는 역사는 외워야 할 게 많은 공부이기 때문이지요. 그런데 역사는 정말 다 외워야 하는 걸까요?

나폴레옹은 젊은 시절 『플루타르크 영웅전*』과 같은 역사책을 항상 옆에 끼고 다녔습니다. 그는 이 책에 등장하는 한니발처럼 알프스 산맥을 넘어 이탈리아로 진격해 갔지요. 이것은 그가 한니발의 역사를 모두 외우고 있었기 때문일까요?

*플루타르크 영웅전 플루타르크가 그리스와 로마의 영웅을 중심으로 역사를 서술한 책이다.

요즘은 초등학교 5학년부터 중학교, 고등학교까지 세 번이나 한국사를 반복해서 배웁니다. 물론 각 시기마다 중요하게 여기는 부분은 다르지만, 매번 새롭게 외워야 하는 게 잔뜩 생기는 골치 아픈 과목이라는 이미지가 강합니다. 학생들은 도대체 어떤 걸 외우지 않아도 되는지 묻기도 하지요. 외우지 않아도 되는 것만 빼고 다 외워야 한다고 생각할 만큼 역사는 어마어마하게 외울 양이 많은 과목이라는 오명을 쓰고 있습니다. 역사를 가르치는 선생님들도 마찬가지로 역사를 제대로 가르치기에 수업시간이 턱없이 부족하다고 불평합니다.

정말 역사란 연도, 인물, 사건과 문물, 제도 등 외워야 할 것이 가득한 공부인지도 모르겠어요. 특히 많은 학생들이 연도도 외워야 하느냐고 많이 물어봅니다. 도대체 왜 단순한 숫자에 불과한 연도를 달달 외워야 하는 거냐고 의문을 품기도 하죠.

사실 역사 공부를 할 때 연도와 인물은 꼭 알아야 합니다. 만약 7세기 김춘추라는 인물의 외교 활동이 오늘날 똑같이 일어날 수 있는지 묻는다면 여러분도 단번에 웃을 것입니다. 거꾸로 말한다면 누가 어느 시기에 태어나고 활동했는지가 역사 공부의 가장 기본이 되는 것이라 할 수 있습니다.

그래서 때론 '시대가 사람을 만든다'라는 표현을 쓰기도 하지요. 그만큼 특정한 시기, 특정한 인물에 대한 기록과 탐구가 역사의 기본이라고 할 수 있습니다. 그렇지만 이러한 연도와 인물들은 당시의 역사를 '이해'하기 위한 것들이지 암기하기 위한 것은 전혀 아닙니다. 또한 암기한다고 역사가 이해되는 것도 아니고요.

교과서에는 기원전 8000년경에 시작된 신석기 시대의 대표적인 유물로 빗살무늬 토기가 나옵니다. '기원전 8000년경'이라는 연도와 '빗살무늬 토기'를 외우면 시험 때 한 문

제는 맞힐 수 있겠지만 그렇다고 신석기 시대를 제대로 이해했다고 할 수 있을까요? 신석기 시대를 제대로 이해하지 못한다면 연도를 묻는 문제 이외에는 답할 수 없습니다.

이번에는 빗살무늬 토기라는 명칭에 주목해서 신석기 시대를 이해해 봅시다. 토기를 만들었다는 것으로 어딘가 한 장소에 머물러 있었다는 추측을 해 볼 수 있습니다. 토기는 음식을 저장하기 위한 도구이니까요. 따라서 토기를 사용하기 시작한 신석기 시대에 정착 생활도 시작되었다는 것을 이해하게 되는 것이죠. 여기에 '빗살무늬'가 태양의 햇살과 물고기의 뼈 혹은 비늘 모양을 흉내 낸 것이라는 설명도 곁들여 봅시다. 이제 좀 더 쉽게 신석기 시대의 모습을 상상할 수 있을 것입니다. 태양은 곡물 재배에 필수적인 존재이지요. 그렇다면 신석기 시대에 농사를 지었다는 것을 알 수 있게 됩니다. 물고기를 흉내 냈다는 것으로 신석기인들이 강가나 바닷가에서 살았을 것이라는 것도 유추할 수 있겠죠. 신석기인의 생활을 이해하게 되면 이동하며 살았고, 수렵과 채집을 했던 구석기인들과의 차이도 알 수 있습니다. 이렇게 하나씩 따져 보면 왜 빗살무늬 토기가 신석기 시대 대표적인 유물인지 알게 됩니다.

만약 좋아하는 친구에게 자신을 알리기 위해 수첩에 빼

곡하게 자신과 관련된 내용을 적어 암기해 달라고 했을 때 친구가 그 내용을 다 암기했다 하더라도 과연 진정 여러분에 대해 잘 알게 되었을까요? 그 내용을 달달 외우는 것보다 어떤 것을 왜 좋아하게 되었고, 싫어하게 되었는지 이해하게 되면 그 사람에 대해 더 잘 알게 되겠죠. 역사도 마찬가지입니다. 과거에 살았던 사람들에 대해 이해하는 것과 그들의 생활을 암기하는 것은 전혀 다른 것입니다.

그럼에도 불구하고 시험에서 좋은 점수를 받기 위해서는 많이 외우는 게 최선의 방법이지 않느냐고 물어볼 수 있습니다. 그리고 여전히 역사는 수학처럼 공식을 이해하고 적용하는 과목과는 다른 것 아니냐고 물을지도 모르겠습니다. 그렇다면 앞서 언급한 나폴레옹을 떠올려 봅시다. 과연 나폴레옹이 한니발의 역사를 달달 외워 알프스 산맥을 넘고 이탈리아를 정복했을까요? 전혀 그렇지 않습니다. 나폴레옹은 단 한 마리의 코끼리도 알프스 산맥으로 데려가지 않았으며 한니발처럼 이탈리아 정복에 실패하지도 않았습니다. 물론 그 적도 달랐지요. 나폴레옹은 역사를 이해하고 그것을 자신의 현실에 맞게 적용했던 것입니다. 수학 공식을 적용하듯이 말이지요.

역사 공부가 왜 중요한가요?

우리는 역사가에 의해 재구성된 과거의 일부를 역사라는 이름으로 학교 또는 책이나 박물관에서 배웁니다. 사실 역사는 실용 학문이 아니기 때문에 어떤 기술을 바로 습득할 수 있는 것도 아니고 당장 돈을 벌 수 있는 공부도 아닙니다. 그럼에도 불구하고 어려서부터 다양한 방법으로 역사를 배웁니다. 그런데 역사를 배우는지 생각해 본 적 있나요? 지금부터 역사를 배울 때 중요한 세 가지 요소로 왜 역사를 배우는지 살펴볼까 합니다.

역사 공부를 할 때 가장 쉽게 접하는 것은 역사 속 인물이지요. 대부분이 오늘날에도 본받을 점이 많은 사람들이지요.

인도의 간디와 미국의 마틴 루서 킹을 떠올려 봅시다. 두 사람 모두 인권과 정의를 위해 용기를 낸 사람들이고, 시민이 권리를 누릴 수 있도록 온몸을 던진 사람들입니다.

인도의 독립을 이끈 간디는 영국의 식민 통치에 맞섰습니다. 마틴 루서 킹도 미국의 흑인차별에 맞서 인종차별 폐지 투쟁에 나선 인물이지요. 불의에 맞선 이들의 행동에서 올바른 생각으로 도덕과 양심의 가치를 지킬 수 있다는 희망을 얻을 수 있습니다. 역사 속에서 교훈을 얻고 그 인물들이 보여 준 놀라운 용기에 감화를 받을 수 있는 것이지요.

역사에는 인물만 등장하는 것은 아닙니다. 과거의 제도를 배우면서 오늘날의 사회 제도를 이해하고 한 사회가 어떤 방향으로 나아갈지에 대한 좋은 사례를 얻기도 합니다. 마치 법원에서 사건을 판단할 때 예전의 판례를 참고하는 것과 같다고 보면 됩니다.

그리고 과거의 제도에서 힌트를 얻어 새로운 제도에 대한 아이디어를 얻기도 하지요. 대표적인 사례가 오늘날 민주주의의 제도 중 하나인 '주민소환제*'의 기원이 되는 아테네의 '도편추방제'입니다. 도편추방제를 배우다 보면 오늘날 민주주의 제도에 대해 깊이 이해할 수 있습니다. 직접 민주주의를 활짝 꽃피웠던 아테네는 도편추방제라는 제도를 통해 국가에 해를 끼친다고 생각되는 시민이나 국가에 위험한 인물을 아테네 바깥으로 추방했습니다. 이것은 대중의 인기만 얻으면 독재자로 군림하기 쉬웠던 참주정*의 한계를 극복하기 위한 대안이었습니다.

* **주민소환제** 지방 자치제에서 문제가 발생했을 때 그 해당 지역의 단체장을 통제하는 민주주의 방식 중 하나이다.

* **참주정** 고대 아테네에서 귀족 정치가 쇠퇴하면서 나타난 정치체제로, 특정한 소수가 독재권을 행사했다.

이러한 아테네의 정치 제도와 오늘날 지방자치단체장을 견제할 수 있는 민주적 제도인 주민소환제와 비교해 볼 수 있는 것이죠.

인물과 제도 이외에 문화도 역사에서 매우 중요한 역할을 합니다. 대표적인 게 음식이지요. 고구마는 17세기 동아시아의 인구 증가와 관련된 중요한 작물입니다. 약 2,000년 전부터 중·남아메리카에서 재배된 것으로 추정되는 고구마는 콜럼부스가 아메리카 대륙을 발견했을 때 에스파냐로 건너오게 됩니다. 또한 에스파냐가 중국, 일본과 무역을 하며 아시아로 전해지게 되었죠.

17세기 중국의 인구가 어마어마하게 늘어날 수 있었던 까닭은 식량 생산이 늘었기 때문인데, 이때 주로 손꼽히는 작물이 옥수수, 감자 그리고 고구마입니다.

고구마는 우리 역사와도 밀접한 관계가 있습니다. 임진왜란 이후 조선과 일본 에도 막부는 '통신사*'라는 사절단의 형태를 통해 교류를 재개합니다. 이때 조선통신사로 일본에 갔다 온 사람들에 의해 우리나라에도 고구마가 전파되어 대표적인 구황작물로 자리 잡게 된 것입니다.

***통신사** 조선에서 일본에 보낸 공식 외교 사절로, 주로 우리의 선진 문물을 일본에 전해 주는 역할을 했다.

우리는 불의에 굴하지 않아~♪
역사 속 위인들을 통해 가치있는 교훈을 얻고!

정치제도의 변화를 통해 오늘날의 사회흐름을 읽을 수 있다!
도편추방제가 있어야 독재를 막을 수 있다!

이제 먹고 살만하니 자식 7~8명 쯤 문제없다해!
문화의 교류를 통한 인과 관계를 추론!
고구마의 역사적 존재감 이라니…

이렇게 고구마를 통해 17세기 동아시아에 인구가 증가한 원인을 알 수 있고, 고구마의 전파 경로를 통해 나라 간 교류가 어떻게 이뤄졌는지도 알 수 있습니다. 또한 그 교류가 얼마나 중요한 역할을 했는지도 알 수 있죠.

결국 이렇게 역사 속의 인물이나 제도, 문화 등을 통해 다양한 형태로 교훈을 얻거나 과거와 현재의 관계를 이해해 미래를 슬기롭게 준비해 나갈 수 있는 것입니다.

역사 선생님이 밝히는 역사 공부 잘하는 비법

역사의 가장 큰 매력은 '이야기'입니다. 누구나 어렸을 때는 위인전이나 역사책을 재미있게 읽습니다. 그런데 막상 교과서에서 접하게 되는 역사는 지루하게만 느껴지지요. 이것이 역사 공부의 가장 큰 문제입니다. 결국 흥미와 개념 간의 거리를 좁혀야 합니다.

그래서 먼저 역사에 재미를 느낄 수 있었던 이유인 이야기를 다시 꺼내 볼 필요가 있습니다. 내가 마치 이야기꾼처럼, 아니면 멋진 사극의 작가처럼 역사를 이야기로 풀어 나간다고 생각하고 정리하면 자연스럽게 내용이 기억에 남습니다. 이야기를 풀어 나가기 위해 준비를 하고, 어떤 인물, 사건을 무슨 순서로 엮어 나갈까 생각하다 보면 내용이 저절로 외워지는 것이죠. 이런 것을 '스토리텔링' 기법이라고 하는데, 이 방법은 문학만큼이나 역사에서도 무척 도움이 됩니다.

자신이 게임의 캐릭터처럼 이야기의 주인공이 되어 모험을 떠난다고 생각해 보세요. 주인공이 겪어야 할 그 시대의 사건들과 그 사건의 전후 관계에 대한 맥락을 이을 수 있다면 역사 공부를 주도적으로 해 나가고 있는 것이지요.

인물도 마찬가지입니다. 주인공이 있으면 라이벌이 있겠죠. 이순신의 라이벌은 원균, 나폴레옹은 라이벌 웰링턴이 있었지요. 라이벌이 아니더라도 주인공 주변의 인물들이 있을 것입니다. 이성계에게는 그를 도운 정도전이, 정조에게는 정약용이 있듯 한 인물과 그를 둘러싼 여러 인물들을 통해 이야기를 만들어 나갈 수 있습니다. 이렇게 인물 관계를 하나하나 맞춰 나가다 보면 그 속에서 하나의 역사가 완성됩니다.

역사를 살펴보면 어떤 사건이 발생했을 때, 누군가는 도망을 가고 누군가는 정면승부를 하며, 또 누군가는 살짝 비켜서서 지켜보는 경우가 있습니다. 이런 상황에서 '나라면 어떻게 했을까'라는 생각을 해 볼 필요가 있습니다. 역사는 암기가 아니라 탐구이기 때문에 나의 관점으로 생각하기가 매우 중요합니다. 역사를 통해 과거를 배운다면 우리는 앞으로 다가올 선택의 순간에 자신 있게 꺼내 보일 수 있는 자신의 히든카드를 가질 수 있는 것이지요.

이런 생각은 사실 쉽지 않습니다. 이를 위해 '시대구분' 방법을 사용할 필요가 있습니다. 왕을 중심으로 공부하면 시간이 지나면 어떤 시기에 어떤 일이 벌어졌는지 너무 헷갈리거든요. 따라서 크게 고대나 중세, 근대로 나누던가 아니면 근현대사 이전과 이후로 나누어 살펴보는 것도 좋은 방

법입니다. 한국사를 공부할 때는 고대, 중세, 근대로 딱 나누기 애매하기 때문에 하나의 국가를 하나의 시대로 보고 살펴보는 것도 좋습니다. 이렇게 시대를 나누면 이전, 이후 시대와의 비교 속에서 그 시대만의 특징을 이해할 수 있으니까요.

마지막으로 이렇게 공부한 바를 노트에 정리해야 합니다. 잘 짜인 노트가 아니더라도 여러분들이 언제든 꺼내 보면 쉽게 그 시대상을 이해할 수 있는 정도라고 생각하면 됩니다. 가로쓰기로 시대를 나열한 후 중요한 점을 정리할 수도 있고, 아니면 사과나무처럼 한 시대를 중심으로 가지를 뻗어 그 시대만의 인물이나 사건, 문화를 정리할 수도 있지요. 이렇게 하면 깔끔하게 머릿속에 정리가 된답니다. 역사 공부 어렵지 않죠?

5장

역사 교과서는 왜 지루할까요?

역사 교과서는 정답인가요?

역사 교과서에 나오는 내용은 정답일까요? 결론부터 말하면 역사 교과서는 정답입니다. 적어도 시험을 볼 때는 역사 교과서에 나오는 내용을 적어야 하지요. 단, 언제라도 새로운 증거가 나오면 교과서의 정답은 바뀔 수 있습니다.

이것은 무슨 뜻일까요?

역사에는 과거에 관한 기록과 해석이 담겨 있습니다. 따라서 오늘날에 새롭게 발견되는 기록이나 유물, 유적 등이 나타난다면 기존의 낡거나 잘못된 역사적 사실은 교체될 수 있다는 의미입니다.

그리스 신화이자 호메로스의 서사시 「일리아드」에 등장하는 트로이가 대표적인 예입니다. 여러분도 '트로이 목마' 이야기를 들어 본 적 있을 것입니다. 그리스 미의 여신 아프로디테를 비롯한 세 여신이 황금 사과를 놓고 다투다 트로이 왕자 파리스가 심판을 내려 아프로디테가 결국 황금 사과의 주인이 되었죠. 대신 파리스는 세상에서 가장 아름답다던 스파르타의 왕비 헬레네를 얻게 됩니다. 그런데 헬레네는 이미 결혼한 상황이었지요. 아내를 뺏긴 남편 메넬라오스는 형 아가멤논과 함께 아킬레우스, 오디세우스 등의 영웅을 이끌고 트로이 원정길에 나섭니다.

예전에는 이 이야기를 고대 그리스의 시인 호메로스가 남긴 이야기로만 여겼습니다. 사실이 아닌 상상을 바탕으로 한 신화 속 이야기로만 여긴 것이지요. 그러나 이 이야기가 역사적 사실이라고 믿었던 하인리히 슐리만이라는 사람이 트로이 목마 이야기와 관련된 유적지를 발견해 냈습니다. 그리고 현재까지 지속적으로 발굴 성과가 나타나 트로이 목마 이야기는 역사적 사실로 인정받게 되었습니다.

우리의 경우는 어떨까요? 교과서에는 백제의 첫 번째 수도가 어디인지 정확히 나와 있지 않습니다. 고구려의 수도 졸본은 오늘날 중국 랴오닝 성 환런 지역이고, 신라의 수도는 오늘날의 경주이지요. 고려의 수도는 개성이고, 조선의 수도는 한성, 지금의 서울입니다. 그런데 백제의 초기 수도는 '위례성'이라고만 알려져 있지 그곳이 정확하게 어디인지는 교과서에 적혀 있지 않습니다. 아마도 한강 유역 어딘가

데헷~
들켜버렸
이… 이건
트로이의 유물!
호메로스의
판타지가
아니었어!
대단한
뻥쟁이인 줄
알았는데…

라고 추정할 수 있을 뿐이지요. 다만 일부 교과서에 백제 초기의 토성인 풍납토성이나 몽촌토성의 사진이 실려 있는 경우가 있습니다.

역사학자 사이에서는 백제가 웅진(공주)으로 수도를 옮기기 전까지의 수도가 오늘날 경기도 하남시인지 서울의 몽촌토성이나 풍납토성인지 의견이 분분합니다. 그나마 이 정도로 범위가 줄어든 것도 최근 풍납토성에서 초기 백제의 유물이 대량 쏟아져 나왔기 때문입니다.

교과서에 실린 역사는 분명 정답이고, 틀려서는 안 되는 정확한 사실이어야 합니다. 하지만 새로운 역사적 사실을 뒷받침할 수 있는 명확한 증거가 나타나면, 언제라도 그 정답은 교체될 수 있습니다. 과학에서 코페르니쿠스의 지동설이 갈릴레이의 망원경으로 입증된 것처럼 말입니다.

단, 교과서를 만들다 발생한 오류나 의도적인 왜곡은 피해야 하겠죠. 한때 조선 초 세종 때 북방의 여진족을 물리치고 4군6진을 개척한 것이 김종서라고 잘못 표기된 적이 있습니다. 역사적 사실은 압록강 지역의 4군은 최윤덕이, 두만강 유역의 6진은 김종서가 각각 개척한 것입니다.

한편, 어떤 기준으로 역사를 바라볼 것인가에 따라 논쟁이 되기도 합니다. 예를 들어 아시아에서 최초로 왕정을 버리고 오늘날의 민주공화국의 형태를 띤 국가 혹은 사건이 무엇인가를 살펴봅시다. 세계사 교과서나 동아시아 교과서에서는 신해혁명*으로 수립된 '중화민국'을 아시아 최초의 민주공화국으로 서술하고 있지요.

> * **신해혁명** 1911년 중국에서 일어난 민주주의 혁명으로 전통 왕조인 청나라가 무너지고 중화민국이 수립되는 계기가 되었다.

하지만 이에 대한 반론도 만만치 않습니다. 1899년 필리핀의 아기날도라는 독립 운동가가 필리핀을 지배한 스페인에 맞서 독립 운동을 일으키고 필리핀 혁명 정부를 조직해 대통령이 되었으므로 이것이 더 먼저 일어난 사건이 아니냐는 주장도 있기 때문이지요.

그러나 당시 필리핀을 두고 스페인과 미국이 전쟁을 벌이고 있었고, 이 전쟁이 끝난 후 미국이 필리핀을 지배하게 되어, 아기날도는 체포되었습니다. 그렇기 때문에 이보다는 신해혁명과 중화민국을 아시아 최초의 민주공화국 수립으로 보아야 한다는 주장이 강하지요. 개인적으로는 신해혁명과 중화민국을 아시아 최초가 아닌 동아시아 최초의 사건이라고 서술하면 어떨까 싶네요.

또 이런 문제도 있습니다. 세계사 교과서에는 최초로 신항로를 개척한 사람을 포르투갈의 바스코 다 가마라고 적고 있습니다. 그가 1498년 아프리카 남단의 희망봉을 거쳐 인도를 다녀왔기 때문이지요. 하지만 교과서에 실린 이 내용은 사실 정답이 아닙니다. 그보다 먼저 신항로를 개척한 경우가 있어요. 명나라의 정화라는 환관이 영락제의 명에 따라 바스코 다 가마보다 80여 년 전에 동남아시아와 인도를 지나 아프리카까지 대항해를 실시했습니다.

그런데 왜 교과서는 바스코 다 가마를 최초로 신항로를 개척한 사람이라고 서술했을까요? 그것은 바스코 다 가마의 신항로 발견이 유럽의 세력을 넓히는 데 도움이 되었고, 서로 고립되어 있던 다양한 국가와 지역이 교류하는 장을 열었다고 생각하기 때문입니다.

정화의 원정 혹은 항해는 중국 명나라의 조공 무역의 확대에 그치는 매우 예외적인 경우입니다. 정화의 원정은 보편적으로 일어났던 일이 아니라는 것이죠. 명나라는 기본적으로 바다로 나아가는 것을 금지하는 일명 '해금정책'을 유지했습니다. 따라서 정화의 원정은 세계사적으로 큰 영향을 미치지 못했던 특별한 경우인 것입니다.

만약 교과서를 집필하는 사람들이 명나라의 정화에 의한 신항로의 개척과 그로 인해 중국 중심주의가 강력해진 것을 바스코 다 가마의 항해나 유럽의 팽창보다 더 중요하

쳇! 사실은 내가 훨씬 빨랐는데 말야…
풉! 별 영향력이 없어서 그래!
정화
바스코다가마

게 여긴다면 토론을 통해 교과서의 내용이 바뀔 수도 있을 것입니다.

이렇게 역사 교과서는 단순하게 혹은 기계적으로 사실만을 적을 수 있는 것이 아닙니다. 역사적 사실에 대한 기준과 해석 그리고 평가가 끊임없이 이뤄져야 하지요. 그래서 역사 교과서의 내용은 열띤 토론 끝에 얻은 '종합'이자 결과물이라고 할 수 있습니다. 그런 맥락에서 여러분도 스스로 교과서를 통해 얻은 역사적 사실에 대해 평가해 보면 어떨까요?

예를 들면 신라의 삼국 통일에 대해 토론해 볼 수 있겠지요. 신라가 통일을 이룩하는 과정에서 당나라를 끌어들인 점에 대해 찬반을 통해 자신의 역사적 관점을 세울 수도 있으며, 고구려의 옛 영토에 대조영과 고구려 유민이 세운 발해를 어떻게 역사적으로 평가할 수 있느냐 하는 것도 좋은 토론 대상입니다.

교과서에 실린 어떤 사건에 대한 역사적 평가는 단 한 사람만의 주장을 받아들여 쓰인 정답은 아닙니다. 그러니 여러분의 눈으로 해석한 역사가 합리적 설명과 타당한 이유를 가지고 있다면 때론 정답이 될 수도 있지 않을까요?

역사 교과서는 왜 재미가 없을까요?

오늘날 우리의 눈과 귀를 즐겁게 해 주는 것은 그 크기가 매우 작습니다. 핸드폰이나 태블릿 PC, MP3 등… 크기는 작지만 그 속엔 엄청난 정보가 들어 있지요. 또한 우리에게 매우 다양한 재미를 선사합니다. 역사 교과서도 엄청난 과거의 일들을 압축해 한 권에 담았다는 점에서는 좀 비슷한 것 같기도 하지만 여러분에게 역사 교과서란 재미있는 존재는 아닌 것 같습니다. 왜일까요?

역사 교과서는 단순히 과거 사실을 나열한 것이 아니라 정치, 경제, 사회, 문화의 내용이 분야별로 나누어 서술됩니다. 게다가 역사를 시대 순으로 압축해 놓아 유행하는 역사소설이나 사극처럼 이야기가 주는 재미는 없지요. 사건을 몰입하게 만드는 갈등을 일으키는 인물도, 이를 속 시원하게 해결해 주는 주인공도 없습니다. 더군다나 설명도 자세하지 않아 여러분 입장에서는 어렵게 느껴질 수밖에 없지요. 현재와 전혀 다른 시간을 산 사람들의 삶과 세상을 간략한 설명으로 이해한다는 것은 쉬운 일이 아닙니다.

역사 교과서는 한 시대의 중요한 특징이 서술되어 있습니다. 그리고 어떤 사건이 왜 일어나게 되었는지 원인을 찾고 결과를 말하지요. 그러다 보니 한 인물에 초점을 맞추어 역사를 서술하는 것이 불가능해집니다.

어렸을 적 읽은 위인전에서 만났던 황희 정승이나 미국의 링컨 대통령 등의 위인은 역사 교과서에 매우 짤막하게 소개되어 있습니다. 사실 역사 교과서에는 인물에 대한 이야기보다 시대와 사회에 대한 설명이 더 길게 나옵니다. 황희 정승은 18년간 조선 시대 가장 높은 신하인 영의정으로서 뛰어난 정치를 했습니다. 하지만 그는 조선이라는 새로운 국가가 왕권을 안정시키고 통치 질서를 확립하는 가운데 일어난 역사의 사건이나 사건을 일으킨 인물 중 하나일 뿐입니다. 링컨 또한 그의 업적보다는 남북전쟁이 발생하게 된 원인과 과정, 그리고 노예 해방이라는 과정 속에서 설명됩니다. 이렇게 역사 교과서는 개인의 삶보다 시대를 통한 이해를 우선으로 하고 있습니다.

실제로도 역사는 뛰어난 한두 명의 인물에 의해 이루어지지 않습니다. 역사는 개인이 아니라 개인의 만남과 관계 속에서 어떤 일들이 일어나게 되었으며 그 결과가 어떤 영향을 미쳤는지를 따져 보는 과정입니다. 따라서 인물에만 조명을 비추는 것은 역사의 숲을 잊어버릴 수 있는 위험이 있어요. 숲 속의 한 그루 나무가 전체 숲을 대표하지는 않

여러면을 봐야만 해!
그때의 주변상황 이라든가…
숲은 깊고 크다고…
나무 한그루만 보고 숲을 안다고 할 수 없듯이.
한 인물만으로 그 역사를 평가할 수 없지!

습니다. 다양한 나무가 하나의 숲을 이루는 것이지요. 따라서 역사 교과서에서는 한 사회의 역사를 숲처럼 이해하기를 바랍니다.

위인의 업적이 아니라 역사적인 상황과 전후 맥락을 이해하고 비판적인 평가까지 곁들일 때 역사의 참 모습을 이해할 수 있는 것입니다. 그래서 역사 교과서가 위인전과는 다른 역할을 하는 것이고요.

훈민정음은 세종의 업적이자 15세기 민족 문화의 꽃으로 교과서에 서술되어 있습니다. 그렇지만 훈민정음이 만들어지기까지는 세종과 신하들 사이에 갈등도 엄연히 존재했었지요. 최만리와 같은 집현전 출신의 학자조차 열여덟 번의 상소를 올릴 정도로 훈민정음의 창제를 심하게 반대했습니다. 15세기라는 시대 속에서, 훈민정음의 탄생 과정을 직접 정리해 본다면 재미와 깊이 모두 얻을 수도 있지 않을까요? 훈민정음 창제에 반대했던 최만리의 상소는 교과서에 실려 있습니다.

이렇게 특정한 역사적 주제나 인물 혹은 분야별로 역사를 다양한 방법과 시각으로 바라보고 직접 평가해 보는 것도 여러분이 할 수 있는 일입니다. 그래야 역사를 이해하게 됩니다.

수학여행을 가거나 해외 탐방을 갈 때 역사 교과서를 들고 가는 사람은 없습니다. 어쩌면 역사 교과서의 한정된 분량과 객관적 서술은 역사 공부의 출발점이 되는 것인지도 모릅니다. 여러분이 폭넓은 역사를 배우기 위한 기본이자 더 넓은 역사의 바다로 뛰어들게 도와주는 자극제 역할로 말이지요.

교과서만 보면 역사를 다 알 수 있나요?

어떤 역사가는 "모든 역사는 현대사이다."라고 말했습니다. 역사는 내가 살고 있는 현재에 도움을 받기 위해 살펴보는 것이고, 따라서 오늘날의 시각으로 해석해야 한다는 의미입니다. 이 말처럼 우리 역사 교과서에서도 오늘의 우리에게 교훈이 되고, 현재의 문제를 해결할 수 있는 지혜를 찾기 위해 역사를 배워야 한다고 나와 있습니다.

그렇지만 한 권의 교과서에 우리 역사 모두를 꼼꼼히 담는 것은 쉬운 일은 아닙니다. 가끔 수업 시간에 꾸벅꾸벅 조는 학생들에게 "네가 조는 동안 우리 역사가 200년은 지났다."라고 농담 아닌 농담을 할 정도로 수박 겉핥기처럼 수업을 해야 할 때가 많습니다. 얼마 되지 않는 수업 시간 동안 반 만 년 역사와 드넓은 세계사를 자세하게 가르치는 것은 분명 한계가 있지요. 그러다 보니 역사에서 호기심을 불러일으키는 부분이라고 할 수 있는 옛날 사람들의 생활 모습을 담은 생활사 부분의 비중이 적을 수밖에 없습니다.

주요섭의 소설 중에 「사랑 손님과 어머니」라는 작품이 있습니다. 여기서 사랑은 사랑방을 일컫는 말입니다. 사랑방은 한옥에서 가부장이 생활하는 공간이자 손님을 맞이하는 공간입니다. 조선 시대 양반의 생활 모습을 알 수 있는 공간이기도 하지요. 사랑은 남자들의 생활공간이자 공부를 하는 곳이었기 때문에 당연히 종이나 붓, 먹, 책 등이 있었습니다. 조선 시대 양반은 이것들을 서로 떨어질 수 없는 서재(문방)의 네 벗이라는 뜻으로 '문방사우'라고 불렀습니다. 이곳엔 당연히 서랍 같은 가구도 있었겠지요? 양반이라면 아마도 나전칠을 한 목공예품을 썼을 것입니다. 이렇게 사랑에서 가지를 뻗어나가듯 하나하나 알아보면 조선 시대 양반이 어떻게 생활했는지 조금은 알 수 있습니다.

과거의 생활 모습이나 동서양의 가족제도를 오늘날의 우리 사회와 비교해 보는 것도 가능합니다. 성리학이라는 유교 이념을 바탕으로 탄생한 조선은 가족제도와 운영에서도 성리학적 원칙을 강조했습니다. 태조 이성계와 함께 조선을 건국한 신진사대부 정도전은 『주자가례*』의 내용을 원칙으로 삼았습니다. 연애를 통한 혼인이 아닌 가문 대 가문의 결혼을 주장했고, 고려 시대까지 관습적으로 유지되던 처가살이(장가) 풍습에 반대했습니다. 남자가 여자를 따라가는 것은 부부의 도리가 아니며 처가살이를 하다 보면 여자가 남편을 우습게 여기거나 질투심이 강해진다는 이유 때문이었습니다.

* **주자가례** 중국 송나라 주자가 가정에서 지켜야 할 예의범절에 관해 저술한 책이다. 특히 관혼상제에 관해 궁궐에서부터 일반 서민에 이르기까지 지켜야 할 덕목이 잘 정리되어 있다.

하지만 이 원칙이 지방 곳곳에까지 엄밀하게 시행되진 않았습니다. 여전히 처가살이는 계속되었지요. 조선 중기까지도 사위가 처가에서 신혼 생활을 하고 자녀를 낳은 후에도 계속 처가에서 사는 경우도 있었습니다. 율곡 이이도 그의 어머니 신사임당의 처가인 강릉에서 태어나 다섯 살까지 그곳에서 생활했습니다.

그러나 조선 후기에 성리학적 예법을 담은 『주자가례』와 『소학』이 지방에까지 보급되면서 조선은 더욱더 성리학적 유교 사회이자 남성 중심의 사회로 자리 잡게 됩니다.

가족 구성은 적장자 중심, 즉 맏아들 중심으로 이뤄집

강릉처갓집의
어느날
이래서 겉보리 서말만
있어도 처가살이 하지
않는다는 말이 생긴걸거야…
여보~
나 아침밥…
응?
그래?
아니야.
아무것도…
네에?
지금 율곡이
공부중인데요?
이 이야기는
픽션입니다.

니다. 결혼도 남자가 여자를 맞이해 자신의 집에서 혼례를 올리고 생활하는 '시집살이'가 보편화되지요. 한편 여성의 정절은 더욱 강조되어 조선 후기에는 남편을 따라 죽으면 정절을 지켰다 해 '열녀'로 칭송했습니다. 제사도 아들 중심으로 받드는 형태가 일반화되어 점점 더 남아존중 의식이 확대됩니다. 조선 시대 남편과 아내의 관계는 당시 사회의 모습과 비슷했습니다. 신하가 임금에게 충성하는 것처럼 아내는 남편에게 복종해야 했지요.

서양에서도 기독교의 원칙을 바탕으로 가족 내에서도 수직적인 남성 중심의 사회가 정착되어 갔습니다. 서양의 중세 시대 결혼의 의미는 가문의 결합이었습니다. 이렇게 지속되던 서양 가족 제도는 16세기 초반 루터를 중심으로 일어난 종교개혁*을 통해 급격한 변화를 겪게 됩니다. 루터는 "하나님의 은총으로 모든 사람들은 화합과 화평 속에 아내와 사는 것이 유익하고 성스러운 것"이라고 하며 더 이상 가문을 위해서가 아닌 개인의 사랑과 행복을 위해 결혼할 것을 선포합니다. 또한 이혼과 재혼을 인정하며 여성들에게 억압적인 가부장제에서 해방될 수 있는 길을 터놓기도 했지요.

* **루터의 종교개혁** 기존 교황 중심의 로마가톨릭에 대해 반발하며, 인간은 오직 성서에 근거한 신앙에 의해 구원받을 수 있다고 주장했다.

역사 교과서는 시대의 변화를 압축해서 보여주는 텍스트입니다. 그러다보니 자연스럽게 혹은 어쩔 수 없이 정치적 변화를 우선으로 시대에 대한 설명을 합니다. 교과서에 실리지 않은 부분, 옛날 사람들은 어떤 모습으로 살았을까 하는 점이 궁금하다면 교과서에서 배운 내용을 바탕으로 확장해서 관심을 기울일 수 있습니다. 더 많은 책을 찾아보거나 박물관으로 발걸음을 옮겨보는 것도 좋은 방법이 되겠죠.

임진왜란 VS 임진전쟁

역사 교과서에 모든 역사 용어나 명칭이 똑같이 나오지 않습니다. 그 명칭에는 역사를 바라보는 시각이 담겨 있지요. 대표적인 사례가 임진왜란(壬辰倭亂)과 병자호란(丙子胡亂)입니다.

임진왜란은 임진년에 왜인들이 일으킨 난, 병자호란은 병자년에 오랑캐가 일으킨 난이라는 뜻입니다. 하지만 최근 새롭게 신설된 동아시아사 교과서에는 임진왜란과 병자호란이 임진전쟁과 병자전쟁으로 표현되어 있습니다. 이 용어가 어색하게 느껴지는 학생이 많을 거예요. 예전부터 임진왜란, 병자호란이라고 해 왔으니까요.

하지만 '왜란'과 '호란'이라는 용어에 대해 다시 생각해 봐야 한다는 의견이 커지고 있습니다. 이 용어가 사건의 성격과 역사적 의미를 너무 축소시키고 있다는 비판이 있거든요. 너무 우리의 입장에서만 사건을 보는 건 아닌가 하는 지적인 것이지요.

임진왜란은 조선과 명나라를 정복하겠다는 일본의 도요토미 히데요시의 야욕으로 일어난 사건입니다. 하지만 이것을 개인의 망상에 가까운 난동으로 보는 게 옳을까요?

당시 일본은 힘 있는 지방 세력가(다이묘)들끼리의 세력 다툼이 계속되

고 있었어요. 도요토미가 권력을 장악해 일시적으로 진정이 되었지만 여전히 존재하고 있던 내부의 불만을 외부로 돌릴 필요가 있었습니다. 즉 도요토미 히데요시가 전쟁을 일으킨 것은 개인의 욕심 때문만이 아니라 일본 내부의 문제를 해결하고자 하는 정치적인 행동이었던 것이죠.

게다가 '임진왜란'은 단순히 일본이 벌인 난동 정도의 의미인데, 사실 중국, 즉 명나라의 파병이 있었기 때문에 동아시아의 중요한 국제 전쟁으로 봐야 한다는 의견이 있습니다. 일본 내부의 상황과 조선의 상황, 명나라까지 얽힌 중요한 전쟁이기 때문에 왜인들의 난동이라는 용어보다는 전쟁이라는 표현이 맞지 않겠냐는 의견인 것이지요.

실제 이 전쟁의 영향으로 동아시아에는 새로운 국제적 관계가 형성됩니다. 일본에서는 도요토미 히데요시가 죽고, 도쿠가와 이에야스의 '에도 막부'라는 새 정권이 들어서게 됩니다. 중국에서는 명나라가 쇠퇴합니다. 조선의 문제에 관여하는 동안 만주의 여진족이 힘을 모으고 있는 걸 미처 파악하지 못한 것이지요. 힘을 모은 여진족은 누르하치라는 인물을 내세워 '후금(훗날의 청)'을 세우게 됩니다. 이후 병자호란을 거쳐 명나라는 멸망하고 청이 새로운 중국의 주인이 되었죠.

병자호란 역시 이런 맥락에서 새롭게 파악해 볼 수 있습니다. 청나라의 입장에서 병자호란은 명과의 대결 전에 명에 도움을 줄 수 있는 조선을 먼저 제압한 전쟁이라 할 수 있습니다. 이 전쟁으로 청은 세력을 더욱 강력하게 키웠고, 결국 명을 대신해 중국 대륙을 차지하게 됩니다. 즉, 병자호란은 중국의 왕조를 교체시킬 정도로 중요한 전쟁인 것이죠.

이렇게 한반도 내부에서만 역사를 볼 것이 아니라 한반도를 둘러싼 주변의 국가들과의 관계에서 역사를 보면 임진왜란, 병자호란이라는 명칭보다 임진전쟁, 병자전쟁이라는 명칭이 더 적합하다고 볼 수 있습니다. 이러한 역사학계의 의견이 수용되어 최근 교과서에도 임진전쟁, 병자전쟁이라는 용어를 수록하게 되었습니다.

6장
우리 역사는 나에게 어떤 의미가 있나요?

세계화 시대에 필요한 한국사 공부

“가장 한국적인 것이 가장 세계적이다.”라는 말이 있습니다. 이 말은 우리의 고유한 문화와 전통이 세계적인 보편성과 이해를 얻는다는 의미입니다.

우리의 말, 우리의 역사, 우리의 문화를 소중하게 여기는 것은 중요합니다. 우리의 문화와 역사는 한국인을 한국인답게 만들어 주는, 우리의 정체성을 유지하는 그릇이라고 할 수 있지요. 일제강점기 시대의 혹독한 탄압 속에서도 지켜 냈던 우리의 얼입니다.

그러나 마치 공기처럼 우리 곁에 있는 존재를 가끔 잊을 때가 있습니다. 최근 학생들을 대상으로 한 여론 조사에서 많은 학생들이 우리 역사를 제대로 모른다는 소식이 들려옵니다. 대안으로 한국사가 수능 필수 과목으로 지정되었지요.

한데 정작 왜 우리 것을 아끼고 배우고 사랑해야 하는지 이유를 모른다면 역사란 그저 공부할 것이 많아 나를 힘들게 하는 과목일 뿐이지요. 역사라는 말만 들어도 진저리를 치고 어렵고 지루하게 여기는 학생에게 무조건 역사를 배워야 한다는 말은 오히려 우리 역사에 대한 반감을 가지게 만들 수도 있습니다.

어떤 이는 영어나 세계사가 그리고 외국 문화가 더 매력적이고, 보편적이라 생각할 수도 있습니다. 더구나 요즘 같은 세계화 시대에 우리 것만 강조하면 시대에 뒤떨어진 국수주의자로 몰릴지도 모르지요. 그런데 왜 한국사를 배워야 할까요? 한국사를 모르면 무슨 문제가 생기나요?

조금은 가볍게 시작해 봅시다. 우리가 잘 모르는 나라로 여행을 가게 된다면 가장 먼저 그 나라의 역사나 문화에 대해 알아보게 됩니다. 그 나라에 대한 역사나 문화를 먼저 접하면 낯선 여행이 조금은 친숙하게 느껴집니다. 그곳에서 만나는 사람도 좀 더 이해하기 쉬울 테죠.

반대로 우리가 우리의 말과 글 그리고 역사를 제대로 이해하지 못한다면 외국인과 만났을 때 어떻게 '우리'를 이해시킬 수 있을까요? 한국어와 한국사를 이해하지 못한다면 외국인과 영어로 의사소통을 할 수 있더라도 외국인이 알고 싶어 하는 '우리'에 대해서는 전혀 설명하지 못하는 우스운 상황이 발생할 수 있습니다. 영어를 유창하게 쓰면 세계인이 된 것 같은 기분이 들지 모르지만, 자신의 존재를 제대로 알릴 수 없는 사람이라면 그들에게 더욱 낯선 존재로 여겨질 수도 있는 것이죠.

조금 더 진지하게 생각해 봅시다. 분명히 오늘날은 세계화 시대입니다. 인터넷과 스마트폰으로 국경의 개념이 무색하게 언제라도 다른 나라의 사람들과 교류하고 친구가 될 수 있습니다. 그러나 여전히 국가 간의 경계는 존재합니다. 지금도 국가 간의 전쟁이 빈번하게 발생하고 있으며 무차별적인 테러 역시 시시때때로 발생하고 있습니다. 국가가 무너지면 국민을 보호해 줄 수 있는 가장 안전한 벽이 무너지게 되는 것입니다. 우리는 과거에 우리의 국가를 빼앗긴 경험이 있습니다. 일본 제국주의에 의한 식민 지배가 끝난 지 채 100년이 되지 않습니다. 그들에 의해 자신의 삶이 무너졌던 고통의 기억을 가진 분들이 우리와 함께 살고 있습니다.

우리가 우리의 것을 소중하게 여기고 지켜야 하는 이유가 바로 그것입니다. 서로가 국가 간의 벽을 허물고 세계 시민으로 만나더라도 자신이 살고 있는 환경과 문화, 역사

우리의 역사를
알고 그들의 역사를
알아야 서로를
이해하고
교류할 수 있지!

를 무시할 수는 없습니다. 세계화란 모두가 똑같은 모습이 되는 것이 아니라 상대방이 나와 다른 문화적, 역사적 배경을 가지고 있을 때 서로를 이해하면서 교류하는 것입니다.

한국사는 "우리 것이 최고다"라는 것을 일방적으로 주입하는 공부가 아닙니다. 우리가 과거부터 지금까지 어떻게 이 땅에서 발 딛고 살아 왔는지를 차근차근 설명해 주는 공부입니다. 세계사와 비교하며 오늘날의 나와 우리를 이해하고 만나게 해 주는 하나의 창문이자 통로의 역할을 하는 것이지요.

한편, 앞으로의 '한국사'는 혈통을 강조하는 민족주의 사고에서 벗어나 시대적 상황에 맞게 변화해야 합니다. 다문화 사회에 알맞은 새로운 한국사 교육이 필요한 시점입니다. 어쩌면 고조선 신화에는 이미 우리 사회가 다문화 사회라는 의미가 담겨 있는지도 모릅니다. 고조선은 환웅과 웅녀라는 서로 다른 집단이 모여 만들어진 국가이니까요. 그렇다면 좀 더 열린 자세로, 오늘날의 우리가 어떻게 형성되었고 어떻게 살아왔는지 파악하기 위한 더 넓은 시각으로 한국사를 바라볼 필요가 있습니다.

왜 한국사를 세 번이나 배울까요?

정규교육에서 역사는 초등학교 5학년에 처음 배우기 시작해 중학교, 고등학교에 이르기까지 세 번에 걸쳐 배웁니다. 학년이 올라갈수록 같은 시대의 역사에 대해 주제나 사건, 인물을 더 깊게 알아 가게 되지요. 깊이만 깊어지는 게 아니라 역사를 배우는 범위도 넓어집니다. 정치와 문화사를 시작으로 점차 경제와 사회사까지 그 범위가 넓어지지요. 또한 단계가 올라갈수록 한국사뿐만 아니라 주변 국가와의 대외 관계에 대해 배우고, 교류했던 주변 나라의 역사도 함께 배우게 됩니다. 그들과의 교류가 한국의 역사에 어떤 영향을 미쳤는가를 학습하기도 하지요. 한 마디로 세계 속의 한국을 알게 되는 것입니다.

초등학교 5학년 교과서에 '해상왕 장보고'가 등장합니다. 장보고는 여러분들도 익히 잘 알고 있는 통일신라 시대의 위인이지요. 당연히 장보고가 활약한 해상 무역 중심지였던 청해진도 소개됩니다. 초등학교 교과서는 장보고가 구체적으로 몇 세기 인물인지는 설명하지 않습니다. '통일신라와 발해 사람들'이라는 단원에서 등장하는 것으로 보아 장보고가 통일신라 시대의 인물이라는 정도만 알고 있으면 되는 것입니다.

중학교에 가면 내용이 조금 더 늘어납니다. '통일신라와 발해의 발전'이라는 단원에서 장보고가 소개되는데 이때에는 구체적인 자료를 바탕으로 장보고를 설명합니다.

중학교 교과서에는 일본의 승려 '엔닌'이 장보고에게 쓴 편지가 등장합니다. 이 편지의 내용을 통해 당시 일본인들도 장보고의 활동에 도움을 받았으며 그를 매우 높게 평가했다는 것을 알 수 있습니다. 또한 지도가 실려 장보고의 해상 활동 범위도 설명해 줍니다. 제목은 '바다의 영웅'이라고 정해 장보고를 위인전처럼 설명하고 있지요.

고등학교 교과서의 장보고는 더 이상 위인처럼 소개되지 않습니다. 대신 '통일신라와 발해의 대외 교류'라는 단원에서 통일신라의 교류 관계의 일부로 서술되지요. 9세기 전반에 청해진을 중심으로 해상권을 장악하고 당, 신라, 일본 그리고 동남아시아의 물품을 중계무역* 했다는 점이 구체적으로 서술됩니다. 또한 그의 해상 활동으로 인해 중국 산둥반도 연안과 대운하 연변, 창장 강[장강(長江), 현재 양쯔강] 어귀 등지에 국제 교역을 담당하는 신라 교민 사회가 형성되었다는 설명도 나옵니다. 또한 산

* **중계무역** 서로 다른 두 나라 사이를 연결해 물품을 수출, 수입하면서 그 차익을 얻는 무역을 말한다.

등성에 신라소라는 자치 행정 기관과 법화원이라는 절을 세웠다는 내용도 볼 수 있습니다.

중학교 교과서에 나왔던 일본 승려 엔닌과의 관계도 확실하게 드러납니다. 엔닌은 불교를 깊게 배우고 싶어 산둥반도에 있던 장보고가 세운 법화원 등에서 불교를 공부를 했습니다. 일본으로 돌아올 때에도 장보고의 청해진 도움을 받아 무사히 올 수 있었지요. 그래서 장보고에게 감사의 편지를 쓴 것입니다. 그 편지는 엔닌의 저서 『입당구법순례행기』에 지금까지도 남아 있습니다.

한편 고등학교 교과서에서는 장보고가 통일신라의 혼란스러운 정치에 개입했다가 9세기 후반 피살되었다는 점도 서술되어 있습니다. 초등학교와 중학교 교육 과정에서는 위인전 형식으로 한국사에서 흥미를 가질 수 있도록 유도했다면, 고등학교 과정에서의 한국사는 당시의 사회와 교류 그리고 한 인물에 대한 객관적인 이해까지도 가능하도록 학습하게 되는 것이지요.

이렇게 교과서는 학생들의 한국사에 대한 인식의 폭을 차츰차츰 넓힐 수 있도록 구성되어 있습니다. 스스로 역사에 대한 인식을 확대해 나가고 여러 각도에서 역사를 바라볼 수 있도록 돕는 것이죠. 역사를 배우면서 자연스레 역

초등학교

중학교

고등학교
호오~
점점 구체적이
되어가는군.
한국사

사에 등장하는 인물을 본받게 되고, 어떤 제도나 문화의 장단점을 습득할 수 있습니다. 그리고 우리의 역사를 세계사라는 큰 틀 안에서 제대로 이해하게 되는 것이지요.

역사인식과 역사의식, 받아들이기와 표현하기

역사 교과서가 흥미로운 점은 초등학교 이후부터 교과서의 수가 다양해진다는 것입니다. 공부해야 하는 과목의 수가 늘어난다는 뜻이 아니라 선택할 수 있는 교과서의 종류가 많아진다고 생각하면 될 것 같습니다. 초등학교의 역사 교과서는 한 종류밖에 발행되지 않는 국정교과서인데 반해 중학교 이후에는 여러 교과서 중에서 하나를 선택할 수 있습니다. 역사를 공부하는 학생들에게 선택의 폭을 넓혀 주고자 하는 의미라고 할 수 있습니다.

세상에는 의외로 많은 역사가가 있습니다. 그만큼 역사를 해석하는 시각도 다양하지요. 역사의 기본적인 사실에 동의한다는 가정 하에 그 속에서 어떤 부분을 더 강조해서 알려주는 것이 좋은가 하는 점에서 교과서의 구성이나 내용이 달라집니다. 거꾸로 말하면 여러분들이 어떤 역사를

'받아들일 것인가' 하는 부분과 연결되는 것이죠. 이것을 어렵게 말하면 어떤 '역사인식'을 가질 것인가 하는 문제로 표현할 수 있습니다.

이 말은 기록 혹은 유물이나 유적 등의 자료로 알 수 있는 역사를 단순히 과거에 벌어진 사건으로 받아들이는 것이 아니라 그 사건의 의미까지 이해하고 받아들인다는 뜻입니다. 역사적 사실을 아는 것은 당연한 것이고, 그 원인과 결과까지 논리적으로 이해하는 것입니다.

그래서 중·고등학교의 여러 검정교과서는 같은 단원명이라도 해도 내용이 조금씩 다릅니다. 예를 들어 중학교 교과서에 조선 후기 사회 개혁론으로 실학이 등장합니다. 여러 중학교 교과서에 등장하는 실학자들은 유형원에서 이익, 정약용까지 비슷합니다. 그러나 그 내용에서 차이가 나지요.

정약용의 스승 이익은 한 가정이 먹고살 수 있는 최소한의 토지, 즉 '영업전'이라고 하는 이 토지만은 사고팔 수 없도록 하고, 나머지 토지는 사고팔 수 있도록 하자는 토지 개혁론인 '한전론'을 주장했습니다. 그의 제자 정약용은 한 마을이 일정 면적의 토지를 공동으로 경작하고 노동량에 따라 경작물을 나누자는 '여전론'을 주장했지요.

어떤 교과서는 이익과 정약용의 주장을 여기까지 서술하고 말지만 어떤 교과서는 이익의 개혁 사상 중에서 노비의 매매를 금지하자고 주장한 내용과 정약용의 주장 중 권력은 백성에게서 나오는 것이라는 내용을 더 설명하는 경우도 있습니다. 또는 이익보다 정약용에 초점을 맞추어 그의 저서를 자세하게 설명하는 교과서도 있지요.

이렇게 같은 시대, 같은 인물에 대한 설명이라도 다양한 검정교과서의 내용을 통해 여러 가지 역사적 사실을 알게 됩니다. 어떤 특정한 교과서의 서술만이 정답이 되는 것이 아니라, 다양한 교과서의 서술을 통해 한쪽으로 치우치지 않고 여러 역사적 관점과 내용을 알게 됩니다. 이를 통해 그 시대를 이해할 수 있는 역사인식이 가능해지는 것이죠.

이 '역사인식'이라는 용어는 사회에서도 매우 자주 쓰입니다. 예를 들면 언론에서 요즘 세대, 청소년들의 역사인식이 부족하다고 말하는 경우가 있습니다. 여기서 말하는 '역사인식'이 바로 이런 부분인 것이지요. 밸런타인데이와 화이트데이는 알면서도 정작 삼일절의 의미를 잘 모른다고 하거나 일제강점기를 겪은 민족의 고통에 대해 제대로 이해하지 못하는 경우가 있습니다. 현대사에서도 4·19혁명과 5·18민주화 운동의 역사적 내용과 의미를 제대로 모르기도 하고요. 그럴 때 어른들은 요즘 아이들의 역사인식이 부족하다고 하지요.

한편 역사인식이 잘못되어 있거나 의도적으로 다른 역사인식을 강요하는 경우도 있습니다. 동아시아 국가 간의 역사인식이 차이가 나는 경우가 대표적입니다.

일본은 자신들의 침략 행위, 즉 우리나라와 중국, 대만, 베트남까지 침략을 한 것에 대해 사실을 왜곡하는 역사인식을 보이는 경우가 많습니다.

자신들의 침략 행위를 서양의 침략을 막고 아시아가 하나가 되도록 평화를 이루려했다는 이른바 '동양평화론'이나 '대동아공영권' 등을 주장하며 사실을 왜곡하고 있는 것이죠. 일본의 행위는 분명 침략 행위였음에도 말입니다.

게다가 최근까지도 자신들이 저지른 전쟁 범죄이자 인권 유린의 대표적 문제인 군 위안부 사례에 대해서도 아예 그런 적이 없다는 식으로 부정해 버리는 잘못된 역사인식을 보이고 있습니다.

역사인식이란 기본적으로 올바른 역사적 사실을 파악한 다음에 그것을 해석하고 음미하면서 역사적 의미를 부여하고 이해하는 것이라고 할 수 있습니다. 저는 이것을 '역사를 올바르게 받아들이기'라고 말하고 싶습니다.

우린 침략이 아닌
대동아시아의 평화와
번영을 위해…
5·18은 민주화운동이
아니라 폭동…
3·1 절이 뭐죠?
음… 이래서
역사인식
역사의식은
중요해.
뭐래니?
못 들어
주겠군…
부들

한편 '역사의식'이라는 것은 개인 혹은 집단마다 형성되는 역사에 대한 관점 또는 의견의 형태로 표현되는 역사에 대한 생각이라고 볼 수 있습니다. 이것은 '역사를 나의 관점으로 표현하기'라고 말할 수 있겠네요.

역사를 배우다 보면 결국 역사란 어둠에서 빛으로 향하는 과정, 즉 억압에서 풀려나 자유와 평등 그리고 행복으로 나아가는 과정이라는 생각이 드는 사람도 있을 테고, 과거에는 찬란한 문명을 이뤘고, 통치자의 뛰어난 리더십이 있었는데 지금은 그렇지 않으니 다시 과거로 돌아가는 게 좋겠다는 의견도 있을 수 있습니다.

역사를 어떻게 생각하느냐에 따라 진보적 또는 보수적이라는 이름을 붙일 수 있는 특정한 역사관이 생기게 됩니다. 역사 속의 인물과 사건, 제도, 문화 등에 대해서도 자신만의 해석과 관점이 생길 수 있겠지요. 그럴 경우 자연스럽게 '역사의식'이 형성되었다고 볼 수 있습니다.

이렇게 역사의식이 생긴다면 나와 의견이 다른 사람과 토론을 하기도 하면서 더 나은 역사의식을 가질 수 있습니다.

내가 말하는 역사가 진실이다! 이것봐. 이 증거들!
앙? 어디서 자기 맘에 드는 것만 단편적으로 짜깁기 해 놓고 역사를 운운해?
진정들 해!
이것 봐! 여기 기록은 이렇게 나왔어.
기록
그렇구나!
너와 내가 생각하는 역사가 다르다면
자료를 보고 토론해 보자!

매우 삐딱한 시각으로 보자면 역사란 과거라는 전체에서 자기 자신에게만 보이는 일부를 가위로 잘라 풀로 붙여 만든 것인지도 모릅니다. 그래서 저마다 다른 역사를 주장하고 자기 입맛대로 행동을 하는 것일지도 모르지요. 그러나 이것은 매우 위험한 생각입니다. 왜냐하면 이를 통해 자신만의 관점을 강요하는 결과가 나타날 수도 있거든요. 첨예하게 대립하는 역사인식이 심지어 전쟁으로 치달을 수도 있습니다.

세상은 나와 다른 사람과 대화와 토론 그리고 성찰을 통해 더 나은 미래를 만들어 가는 과정에서 생겨납니다. 바로 그 중심에 역사가 있다고 보면 되지요. 서로가 함께 머리를 맞대고, 서로의 역사관에 대해 살펴보고 소통하면 일방적인 역사, 일방적인 역사관은 사라지게 됩니다. 역사가 형성되는 것도 마찬가지입니다. 과거부터 인간은 외부와의 소통과 교류를 통해, 즉 자신과 다른 집단과의 접촉을 통해 조금씩 문제를 해결하고 앞으로 나아가는 과정을 밟아왔습니다. 그래서 인류는 현재와 같은 지구촌, 또는 하나의 운명공동체로의 모습을 갖추게 된 것이지요.

우리가 배우는 역사도 많은 자료 중 타당한 자료가 무엇인지 서로가 검증하고, '역사'라는 큰 흐름에서 그 자료가 의미하는 바 등을 정돈해서 받아들이는 것입니다. 지금 이 순간에도 쉬지 않고 흘러가는 역사의 중심에서 '역사'를 어떻게 받아들이고 이해할 것인가를 고민하고, 과거와 현재를 넘나들며 미래의 역사를 만들어 가야 합니다.

21세기에 새롭게 제시된 인간형 중에 '호모 노마드(Homo nomad)'라는 것이 있습니다. '유목민' 또는 '유랑하는 인간'으로 번역할 수 있는 이 말은 인류의 역사가 특정한 삶의 방식에 얽매이지 않고 자유롭고 끊임없이 질주하면서 창조적인 문명을 만들었다는 점에 주목하고 있습니다.

인간은 최초의 인류 오스트랄로피테쿠스 때부터 추위와 굶주림을 피해 여행을 다니면서도 문명을 창조해 왔습니다. 그 과정에서 불을 쓸 수 있게 됐고, 언어를 만들어 냈습니다. 시장경제와 민주주의도 나와 다른 상대방과의 접촉과 나눔 속에서 창조된 것입니다.

저는 오늘날의 역사에도 이런 정신이 필요하다고 생각합니다. 오늘날은 다양한 교통과 통신 수단으로 나라 간 경계가 모호해지고 새로운 만남이 쉽게 이뤄지고 있습니다. 이런 시대에 무엇보다 필요한 것이 끊임없는 여행과 자기 변신 그리고 외부와의 경계를 허물고자 하는 의지라고 생각합니다. 이런 정신을 갖춘다면 그것이 오롯이 역사에도 적용돼 올바르고 새로운 역사를 창조할 수 있을 것입니다.

강대국 중심의 역사관을 고집하면 그 외 국가와 지역의 역사는 사라지게 됩니다. 우리는 여전히 서양 중심의 역사관이나 중국을 동양의 대표로 여기는 등의 편견과 고정관념으로 역사를 바라보는 경향이 짙습니다. 하지만 시각을 조금만 바꾸어 본다면 국가의 크기나 지배력과는 상관없이 수많은 국가와 사회가 교류하고, 협력하고, 만나고 소통하며 다양한 형태로 존재하는 넓은 세상이 보이게 됩니다. 그제야 비로소 서로 다른 존재들이 꽃피운 눈부신 문명과 그 속에서 이룩한 다양한 인류의 삶을 역사로 마주할 수 있을 것입니다.

역사는 발전하는 것일까요?

주먹만 한 돌멩이로 사냥을 하던 인간이 이젠 우주를 탐사하고 유전자 복제를 시도하고 있습니다. 분명 우리는 과거보다 발전한 것처럼 보입니다. 그렇지만 테러와 전쟁이 끊이지 않으며 현대에 들어와 전쟁으로 사망한 사람의 수는 그 이전 시대와는 비교도 할 수 없을 정도로 엄청나게 많습니다. 과연 인류의 역사는 계속 발전하는 것일까요?

20세기에 일어났던 제1·2차 세계대전으로 사망한 사람의 수는 6000만 명에 육박합니다. 인간이 발명한 핵폭탄 등의 전쟁 도구는 사용하기 더욱 간편해졌으며 파괴력은 어마어마하지요. 산업의 발달로 물질적 편리함을 누리지만 한편으론 부작용도 만만치 않습니다. 지구온난화 등의 환경 파괴가 날로 심각해지며 그 피해가 기상이변 등으로 고스란히 우리에게 돌아오는 것을 보면 과연 인간의 역사가 발전한 것인지 의문이 들 때가 있습니다.

차라리 과거의 평온한 어느 때가 더 좋았었다고 말할 수도 있습니다. 해가 뜨면 논밭에 일하러 나가고 해 지면 집으로 돌아와 저녁밥을 먹고 잠들면 되던 중세의 어느 농촌이 역사적으로 더 발전한 것 아니냐고 충분히 반문할 수도 있을 것 같습니다. 복잡한 현대사회가 반드시 좋은 것만은 아니지요. 어진 임금 밑에서 배부르게 지내던 고대나 토끼와 여우 등의 동물을 잡기 위해 맨발로 뛰어다니며 돌멩이를 던지던 원시시대가 더 좋았을 수도 있습니다.

어쩌면 인류는 아주 먼 과거에 누렸던 이상적인 사회를

과거
거기서!
하아~ 먹고 살기 힘들다.
흥!

현재
거기서!
부릉
하아~ 먹고 살기 힘들다.
음… 과연 인간의 역사는 발전하고 있는걸까?

버리고 겉으로는 그럴듯해 보이지만 실제로는 엄청난 골칫덩이를 키운 현대 사회에 살아가는 것인지도 모릅니다. 그렇다면 역사란 쇠퇴하는 것일까요?

물론 역사가 계속 발전한다는 것이 문제가 전혀 없는 완벽한 사회를 만들었다는 것을 의미하지는 않습니다. 그리고 모든 부분에서 과거보다 낫다는 것을 말하는 것도 아닙니다. 역사의 발전을 말할 때 그 기준은 크게 두 가지로 나누어서 살펴볼 수 있습니다.

첫 번째는 물질적인 발달, 즉 기술과 과학, 그리고 산업의 발달입니다. 산업 혁명이 없었다면 오늘날과 같은 대량생산과 대량소비, 그로 인한 인구 증가와 편리한 생활 등은 불가능했을 것입니다. 하루쯤이라도 인공적인 것을 쓰지 않고 생활해 보면 이런 물질적인 풍요로움이 얼마나 많은 혜택을 주고 있는지 알 수 있습니다.

두 번째는 이성의 발달, 즉 인간의 존엄성과 자유, 평등 그리고 민주주의의 발전입니다. 혹시 과거의 사회가 좋게 느껴진다면 신분제를 떠올려 봅시다. 단 1분이라도 누군가의 노예로 생활한다면 오늘날의 사회가 발전한 것이 아니라는 말은 쉽게 할 수 없을 것입니다.

분명 현대 사회는 많은 문제를 안고 있습니다. 교과서에도 나오듯이 빈부의 격차, 환경 문제, 종교적 갈등과 지역 간의 분쟁이 계속되고 있습니다. 그렇지만 이것이 역사가 발전하지 않았다는 증거라고 말할 수는 없습니다. 인간이 불을 사용하기 시작했을 때 좋은 점도 있었지만 위험한 점도 있었습니다. 그럼에도 여전히 불을 사용하는 것처럼 역사의 발전 과정에서 얻은 문제들은 우리가 공동으로 해결해야 할 과제인 것이지요. 만약, 앞으로의 인류 역사가 발전하지 않는다면 그것은 바로 우리의 책임입니다.

혜초와 마르코폴로

혜초는 8세기 신라의 승려로서 당나라에서 종교 활동을 하며 『왕오천축국전』이라는 여행기를 남겼습니다. 이 책은 그가 스무 살에 바닷길로 인도 동북부 해안에 도착하면서부터 다섯 인도(오천축국)를 거쳐 비단길(Silk Road)을 통해 당시 페르시아(이란), 대식국(이슬람), 토번(티벳) 등을 여행하면서 남긴 일종의 기행문입니다.

『왕오천축국전』은 제목처럼 동·서·남·북·중앙 인도를 다녀온 기록인데, 이 책은 8세기 동서 교역로인 비단길(Silk Road)의 모습을 생생하게 담고 있는 세계 유일의 기록서라는 의미가 있습니다. 비단길을 걸어가면서 직접 보고 들은 사실을 여행기로 남긴 혜초는 당시 동아시아 문명과 이슬람 문명, 불교 문화 등을 서로 이해하고 교류할 수 있는 단초를 제공한 우리나라 최초의 세계인이자 여행가인 것입니다.

혜초의 기록을 통해 당시의 인도와 중국, 아랍, 중앙아시아 등 우리와 다른 세상에 대한 너른 이해를 할 수 있습니다. 아울러 역사란 내 것만을 고집하거나 나만의 세상에 만족하는 것이 아니라 나와 다른 인류의 모습을 이해하고 소통할 때 한 단계 더 발전된 문화를 꽃피울 수 있음을 알 수 있지요.

이탈리아의 상인 마르코 폴로는 비단길을 통해 원나라에 갔다 24년 만에 바닷길과 비단길을 통해 베네치아로 돌아온 후 『동방견문록』이라는 여행기를 남겼습니다. 이 책은 아시아의 다양한 지역과 국가에 대해 서양인이 쓴 최초의 여행기입니다. 이 책에는 원나라로 가는 도중에 거쳐 간 바그다드를 비롯한 중동 지역에서부터 파미르 고원, 카슈카르 지역, 중국의 둔황과 베이징까지, 그리고 베네치아로 돌아오는 길에 들른 인도차이나 반도, 인도네시아, 인도 등에 대한 상세한 기록이 담겨 있습니다.

상인 출신인 마르코 폴로는 동방의 기이한 문물을 보면 그냥 지나치지 않고 매우 상세하게 적었습니다. 유럽인들은 마르코 폴로의 여행담이 빼곡하게 실린 『동방견문록』을 통해 반대편 세상에 그들과는 다르지만 매우 발전한 형태의 문명과 독자적인 생활 방식을 가진 또 다른 세상이 있다는 것을 서서히 인식하게 되었습니다. 이 책을 계기로 유럽인들은 동방의 신비한 나라들을 찾아 대항해의 모험을 시작하게 됩니다.